챗GPT 시대의
비판적 사고와 논리

김은철 금진호 박수미 서현경 송숙이 김명희 김선애 공저

양 성 원

머리말

우리가 살아가는 21세기를 지식기반 정보화 사회라 부른다. 이런 사회에서는 수없이 쏟아지는 정보와 지식이 발전의 원동력이 되기도 하지만, 무엇이 진실이고 무엇이 거짓인지를 가려내는 것이 점점 더 어려워지고 있는 부정적인 면도 함께 존재한다. 따라서 정보의 홍수 속에서도 올바른 판단을 내릴 수 있는 능력, 즉 비판적 사고 능력은 그 어느 때보다 중요한 역량으로 부상하고 있다. 급변하는 문제 상황 속에서 필요한 정보와 지식을 확보하여 문제를 실질적으로 해결할 수 있는 비판적 사고 능력에 대한 요구는 이제 21세기를 살아가는 인재가 갖추어야 할 필수 조건으로 자리 잡아 가고 있다.

비판적 사고는 수많은 지식과 정보 가운데 필요한 지식과 정보를 구분하고, 그 활용을 통해 여러 가지 사안에 대한 문제를 해결할 수 있는 능동적인 사고 능력이다. 또한 비판적 사고는 지식과 정보를 분석하고 평가하여 그 진위를 가려내고, 논리적으로 사고하여 결론을 도출하는 과정을 말한다. 이 과정은 단순히 지식과 정보를 수용하는 것을 넘어서서, 그 지식과 정보가 갖는 가치와 의미를 깊이 있게 파악하고, 문제의 핵심을 정확히 이해하는 데 도움을 준다.

우리는 시시각각으로 급변하는 상황에서 일정한 패턴을 읽어 내고 이를 기반으로 또 다른 상황에 적용하며 새로운 패턴을 찾아낼 수 있는 상황판단 능력과 이를 적용할 수 있는 능력이 필요하다. 이런 능력은 비판적 사고 능력 함양을 통해서만 확보될 수 있을 것이다. 왜냐하면, 비판적 사고는 반성적이면서도 능동적인 사고여서 주어진 상황에 대한 총체적인 조망을 통한 평가를 기반으로 문제해결 방안을 모색하기 때문이다. 따라서 비판적 사고 능력이란 당면한 문제가 무엇인지에 대한 파악과 문제해결에 필요한 도구와 방법이 어떤 것인지에 대한 대안을 모색하고, 나아가 그러한 방법과 도구를 찾아 직면한 문제를 해결할 수 있는 능력이다.

결국 비판적 사고 능력은 어떤 주장이나 이론을 무조건 수용하기보다는 그 주장과 이론의 근거에 관해 묻고 그 근거 설정의 적절성과 충분성 여부에 대한 비판 또는 반성을 통해 그것을 수용할 것인지에 대한 판단을 하는 능력이다. 그런 사고 능력을 통해 우리는 논리적이고 합리적인 주장을 펼친다.

논리학에서는 일반적으로 형식 논리와 비형식 논리를 다룬다. 형식 논리는 연역적 함축 관계를 담고 있는 논리 형식 일반이나 규칙의 타당성 여부를 체계적으로 다룬다. 비형식 논리는 논증 일반의 분석이나 평가를 통한 비판적 사고와 지식과 정보의 건전성 여부를 다룬다. 말하자면 비형식 논리는 논증에 관한 규범적 연구로서 논증과 논변을 해석하고 평가하며 구성하기 위한 기준과 절차 등을 다루는 영역이다. 모든 논증적인 담론이 그 건전성의 확보에 있다고 보고 규칙이나 형식 등에 따라야 정당화될 수 있다는 점을 생각했을 때, 비형식 논리는 형식 논리와 단절되어 있다기보다는 '논리'라는 큰 틀에 함께 놓여 있다는 것이다.

비판적 사고 능력과 논리력은 자연스럽게 타고나는 능력이 아니다. 이런 능력을 함양하기 위해서는 의식적인 노력이 필수다. 즉, 체계적인 학습과 훈련 통해 발달시킬 수 있는 능력이다. 본서는 비판적 사고와 논리의 기본 원리를 소개하고, 이를 일상에서 어떻게 적용할 수 있는지를 심사숙고하여 집필하였다. 따라서 본서는 비판적 사고와 논리의 중요성을 강조하고, 다양한 사례를 통해 비판적 사고력을 실제 생활에서 어떻게 논리적으로 적용하고 활용할 수 있는지에 중

점을 두었다. 독자들의 논리적인 사고 과정에 관한 체계적 이해를 위해 노력하였고, 독자들이 자신의 사고 과정을 점검하고 논리적으로 검증하는 데 도움이 되길 바라는 마음으로 집필하였다. 복잡하고 불확실한 세상 속에서 올바르고 현명한 판단을 내리고, 더 나은 미래를 위한 결정을 내리는 데 있어 비판적 사고와 논리가 훌륭한 도구가 될 것이라 확신한다.

본서를 함께 집필해 주신 교수님들과 출판할 수 있게 기회를 준 도서출판 양성원 사장님과 임직원에게 심심한 감사의 마음을 전한다.

"무지의 본질은 자신이 모르는 것을 모르는 데에 있다."

\- 소크라테스

2024년 8월

용당골에서

차례

01 Chapter 사고의 이해

사고의 이해

Chapter 01

1. 사고의 개념

1) 사고(思考)의 개념과 의미 이해

사고(思考)라는 개념을 우리말 사전에서 찾아보면, “무엇을 헤아리고 판단하고 궁리함과 개념, 구성, 판단 등을 행하는 인간의 이성 작용”이라고 정의되어 있다. 즉, 사고는 궁리함과 이성 작용이다. 사고라는 개념의 한자 의미는 ‘思(생각할 사)’와 ‘考(상고할 고)’가 합성된 단어로 자세히 살펴보면 ‘思’ 자의 위쪽 ‘申(납 신)’은 거푸집을 뜻하는 ‘(臼) 절구 구’와 금속 주물을 붓는 ‘(丨) 뚫을 곤, 정수리 신’이 결합된 글이다. ‘정수리’는 사람 머리의 한가운데 볼록 튀어나온 꼭대기(숨구멍)를 일컫는다. 아래쪽 ‘心(심)’은 ‘마음’을 뜻하는 한자가 합쳐진 것으로 ‘생각한다’를 나타낸다. ‘考(상고할 고)’자는 ‘老(늙을 로: 노인이 지팡이를 짚고 서 있는 모습을 그린 老)’와 비슷한 모양이지만 짚고 있는 ‘지팡이(匕: 비수 비)’ 모습이 다르다. 따라서 ‘老(늙을 로)’와 부수가 같아서 ‘考(상고할 고)’는 ‘오래

살다' 또는 '노련하다'가 원래 뜻이지만, 점차 '옛것을 헤아려 곰곰이 생각한다'라는 의미로 변하여 '곰곰이 생각한다.', '살핀다'라는 뜻으로 확대되어 쓰여왔다.

사고의 유의어에는 여러 가지가 있지만 그중 우리가 일상에서 가장 많이 사용하는 개념은 '생각'이다. 생각이라는 개념을 우리말 사전에서 찾아보면 "헤아리고 판단하고 인식하는 것 따위의 정신 작용, 경험해 보지 못한 사물이나 일을 머릿속으로 그림과 무엇을 하기로 마음속으로 작정하거나 각오함 등"으로 정의되어 있다. 생각이라는 단어는 중세 한국어 'ᄉᆡᇰ각'에서 유래되었으며, 이는 1461년 능엄경언해에서 처음 나타난다. 현대 국어의 '생각'은 15세기 문헌에서부터 나타난 '각'이라는 옛말에서 발전했다. 많은 사람들이 생각이 한자어 '生覺'에서 왔다고 착각하지만, 실제로는 순우리말이다. '生覺'은 원래의 뜻이나 철자는 고려하지 아니하고 그 음만 취한 것이다. 생각이라는 단어의 사전적 정의를 자세히 살펴보면 광범위한 의미가 있다는 것을 알 수 있다.

사고나 생각의 영어 표현은 'Think와 Thinking'이다. 이 둘은 다른 점이 있는데, 'think'는 일반적으로 동사로 사용되며, '생각하다'라는 의미를 가진다. 이는 특정한 생각이나 의견을 가지고 있음을 나타낼 때 사용된다. 반면에 'thinking'은 'think'의 현재 진행형으로, 생각하는 과정이나 행위 자체를 나타낸다. 이는 더 동적인 상황에서 사용되며, 현재 진행 중인 생각의 과정을 강조할 때 쓰인다. 'think'라는 영어 단어의 어원은 라틴어 'cogitare'에서 유래되었다. 이는 '생각하다'라는 의미가 있으며, 근대 프랑스 철학자 데카르트(Descartes)의 유명한 격언 "Cogito, ergo sum(나는 생각한다, 고로 존재한다)"에서 찾을 수 있다.

사고나 생각의 독일 표현은 'denken'이다. 독일의 철학자 마르틴 하이데거(Martin Heidegger, 1889~1976)는 50년대 그의 강의에서 "Denken ist danken"라는 말을 했는데, 그 의미는 "생각하는 것은 감사하는 것"이다. 즉, 사고를 감사와 연관시켜 해석하였는데, 그는 이것을 진정한 사고나 생각이라고 보고 있다. 독일어의 고어인 '게당크(Gedanc)'에서 파생한 사유(Denken)에는 '기억(Gedanke,

생각)', '회상(Andenken)', '감사(Dank)'라는 의미가 함께 담겨 있으며, '생각'이라는 '게당케(Gedanke)'의 동사형은 '게뎅켄(gedenken)'으로서 '기억하다, 잊지 않는다, 회상한다.' 등의 뜻이 있다. 다시 말해서, 우리가 생각(denken) 한다는 것은 기억함으로써(gedenken) 생각(Gedanke)한다는 것이다. 또한 기억과 생각이라는 '게당케(Gedanke)'의 낱말엔 그 자체로 감사(Dank)가 들어 있어서 사고란 본질적으로 감사함을 기억하는 것이고 감사함을 생각하는 것이다. 생각에 대한 근원적인 이해를 바탕으로 볼 때, 독일어의 감사를 뜻하는 '당크(Dank)'가 그 자체로 '생각과 감사'라는 뜻을 함축하고 있음을 이해하는 것은 자연스러운 일이다. 이는 영어 'thank'가 독일어 'danken'과 가깝다는 점에서도 영어 'think'와 'thank'의 관계 역시 마찬가지로 해석할 수 있다. 따라서 우리가 인간이 생각하는 존재인 것을 인식할 때, 생각하는 존재는 감사할 줄 아는 존재이다. 일상에서 우리가 조금만 생각하면 감사할 일이 참 많이 있다는 것을 일깨워 준다.

2) 사유(思惟)의 어원과 의미 이해

생각을 나타내는 한자 표현은 사고 외에도 여러 가지가 있다. 예를 들면, 사유와 사색이다. 일상에서 이런 개념을 구분하여 사용할 필요는 없지만, 학문 세계에서는 엄밀히 구분할 필요가 있다. 왜냐하면 이런 개념들은 표현하고 사용하는 영역이나 분야가 다르기 때문이다. 사고는 교육이나 심리학, 철학 분야와 같은 학문에서 많이 쓰고, 사유는 철학이나 비평 영역에서 넓은 의미로 쓰이며, 사색은 산문 등과 같은 문학에서 주로 쓰인다.

사유(思惟)를 우리말 사전에서 찾아보면 다음과 같이 정의되어 있다. "[기본의미] 생각하고 궁리함. [철학] 개념, 구성, 판단 등을 하는 인간의 지적 작용. [불교] 대상(對象)을 분별하는 일." 사유(思惟)의 한자 어원을 살펴보면, 한자 '思(생각 사)'와 '惟(생각할 유)'로 이루어져 있다. '思(생각 사)'는 '생각하다 또는 떠올린다'의 의미가 있으며, '惟(생각할 유)'는 '생각하다 또는 그렇게 여기다'와 같은 의미가 있다. 따라서 사유는 생각을 깊이 하고 묵상하며, 어떤 사물이나 현상에 대해 깊이 고민하고 숙고하는 행위를 의미한다. 이는 단순한 생각이나 고민을 넘어 보다 심오하고 체계적인 생각의 과정을 포함하는 개념이다.

사유는 철학에서 많이 사용되며, 인간의 정신활동 중에서도 깊이 있는 사고와 성찰을 강조하는 용어로 쓰인다. 이러한 사유의 과정은 개인이 스스로의 경험, 지식과 가치관 등을 바탕으로 세상을 이해하고, 새로운 관점을 형성하는 데 중요한 역할을 한다. 사유는 우리의 삶과 관련된 것들의 의미를 검토하고 성찰한다. 사유는 비유적으로 자신과의 소리 없는 대화로 규정할 수 있는데, 이는 사유가 자신을 대면하는 자기 의식적인 활동임을 의미한다. 끊임없이 반복되는 사유의 과정에서 인간은 비로소 자아를 갖춘 하나의 온전한 주체적 인격체를 형성한다. 이렇게 형성된 개인의 인격은 곧 그의 도덕성과 일치한다. 정리하면, 사유는 우리가 어떻게 생각하고, 어떻게 세상을 바라보며, 어떻게 지식을 형성하는지에 대한 깊은 통찰을 제공한다.

3) 사색(思索)의 어원과 의미 이해

사색(思索)을 우리말 사전에서 찾아보면 다음과 같이 정의되어 있다. "어떤 것에 대하여 깊이 헤아려 생각함." 사색(思索)의 한자 어원을 살펴보면, '思(생각할 사)'와 '索(찾을 색)'로 구성되어 있으며, 이는 깊은 생각을 통해 무언가를 찾아내려는 과정을 나타낸다. 깊은 생각이란 단순한 생각을 넘어서, 깊이 있는 생각과 상상을 통해 자신의 내면세계와 삶의 의미를 탐구하는 과정을 말한다. 결국 사색은 마음과 정신을 모두 사용하여, 삶의 깊은 의미와 가치를 찾아가는 여정을 의미한다. 이러한 과정은 우리가 삶을 어떻게 이해하고, 어떤 가치를 찾아가는지에 대한 중요한 통찰을 제공한다. 사색을 통해 우리는 더 깊은 자아 이해와 삶의 의미를 발견할 수 있다. 이런 사색은 사색에 사색을 더하는 문학 활동에서 주로 나타난다. 글쓰기를 통한 창작 활동은 단순한 인터넷 검색이 아니라, 글감을 찾기 위해 끊임없이 사물을 관찰하고 자연을 깊이 사색한다. 게다가 글을 쓰고 다듬고 정리하기 위해서도 사색을 끊임없이 하여 작품을 창작한다.

우리가 사유와 사색을 일상에서 별 구별 없이 사용하지만, 두 개념은 차이가 있다. 두 개념 모두 깊은 생각을 의미하지만, 그 대상과 방식에서 차이를 보인다. 사유의 대상은 주제나 개념이고 그것의 방식은 우리가 세상을 이해하고, 지식을 구축하는 과정에서 사용하는 다양한 사고의 접근법이다. 예를 들어, 과학적 사고, 철학적 사고와 예술적 사고 등과 같은 것을 말한다. 사색의 대상은, 자신이나 기억과 일상적인 생각을 넘어 삶의 본질에 대해 깊이 생각하는 것이다. 사색의 방식은 따로 있다기보다는 언제 어디서나 이루어질 수 있으며, 지속해서 하다 보면 삶의 질을 향상시키고 의사결정이나 행동에 긍정적인 변화를 불러올 수 있다.

4) 궁리(窮理)의 어원과 의미 이해

우리말 사전에서 '사고'를 찾으면 나오는 '사고'의 유의어 중 하나는 궁리(窮理)다. 궁리(窮理)를 우리말 사전에서 찾아보면 다음과 같이 정의되어 있다. "일을 처리하거나 개선하기 위하여 마음속으로 이리저리 따져 깊이 생각함. 또는 그런 생각. (기본의미) 사물의 이치를 깊이 연구함." 궁리(窮理)의 한자 어원을 살펴보면, '窮(다할, 궁할 궁)'과 '理(이치 이)'로 구성되어 있으며. 이는 '사물(事物)의 이치(理致)를 연구한다. 또는 마음속으로 이리저리 따져 깊이 생각한다'는 뜻이다. 따라서 이 용어는 주로 철학이나 과학 등의 학문 분야에서 사용되며, 어떤 문제나 현상을 해결하기 위해 그 원리나 원인을 깊이 탐구하는 것을 의미한다. 철학자들은 인간의 존재와 가치의 본질을 탐구하기 위해 '궁리'하고 과학자들은 새로운 이론을 발견하기 위해 '궁리'를 한다.

정리하면, 영어권 언어에서 사고를 나타내는 단어는 단순하지만, 우리말은 생각을 나타내는 단어가 아주 다양하다. 왜냐하면 우리말의 언어적 특성과 문화적 배경 때문이다. 언어적 특성 중 하나는 우리말은 형태에 따른 구분으로 교착어다. 교착어는 하나의 단어 어간에 조사나 어미 같은 기능어가 추가되어 어절을 형성하고 새로운 의미를 생성할 수 있는 언어를 말한다. 예를 들어, '먹다'라는 동사에 '-고', '-는', '-을' 등의 접미사를 붙여 '먹고', '먹는', '먹을' 등으로 변화시킬 수 있다. 이것은 생각의 미묘한 차이를 표현할 수 있는 다양한 단어를 만들어 내는 기능을 하고 미묘한 뉘앙스의 차이를 표현할 수 있다. 또한 우리말은 인간의 감정과 정서를 중시하는 문화적 배경을 가지고 있어서 생각을 나타내는 단어가 감정과 정서를 함께 표현하는 경우가 많다. 예를 들어, '생각한다'는 사고하고 기억하고 상상하며 고민한다 등 여러 의미로 문맥에 따라 다양하게 표현되고 해석되는 경우다.

5) 사고와 언어의 관계

만약 인간에게 생각하는 능력과 표현하는 능력인 언어가 없다면, 생활을 영위할 수 없을 뿐만 아니라 아예 생존할 수도 없다. 이는 우리의 모든 생활 속에 사고와 언어를 떨어뜨려서는 살아갈 수 없음을 의미한다. 생각하기의 진행과 발달을 돕는 언어는 의사소통의 수단으로 정보를 교환하고 다른 사람과의 관계를 맺을 수 있도록 해 준다. 생각하기가 표현된 언어는 지식을 축적하고 이를 전수함으로써 인류의 문화를 계승하고 발전시키는 기능을 한다. 이처럼 언어와 사고는 밀접한 관계로 인간의 사회 활동에서 결정적인 역할을 담당한다. 이는 인간과 동물을 구분하는 결정적 요소다. 사고와 언어의 관계는 문화 인류학, 심리학,

언어학, 철학 등에서 주요한 관심의 대상이 되어 왔으며, 언어가 생각하기 활동의 상당 부분을 반영하여 그것을 촉진한다는 점에서 의견이 일치한다. 대체로 사고와 언어의 관계를 6가지로 구분한다.

첫째, 사고와 언어는 같다는 주장이다. 행동주의 심리학에서 사고란 단지 음성 언어를 뜻하며, 말을 하기 위해 움직이는 근육 운동의 습관이 사고 표현이라고 하였다. 그러므로 근육 운동과 발성 기관을 관찰하는 것이 사고에 대한 과학적 연구 자료가 될 수 있다고 보았다.

둘째, 사고가 언어에 의존한다는 주장이다. 사회문화이론에서 사고와 언어의 관계는 살아 움직이는 과정이고 사고는 언어를 통해서만 표출된다고 본다. 언어는 지적 사고의 결정적 역할을 하고 언어는 지적 사고에 의존하여 인간의 행동을 결정하는 핵심 요소라고 보았다.

셋째, 언어가 사고에 의존한다는 주장이다. 문화 인류학에서 사고가 언어의 구조를 결정한다고 주장했으며, 언어를 분석하기 위해서는 인간 논리의 특성과 보편성에 관한 사고의 범주를 관찰해야 한다고 주장하였다. 인지 발달 이론에서 감각 운동 행위의 발달은 언어에 선행돼야 하며, 인지 발달은 언어의 선행 조건이라고 주장하였다.

넷째, 언어와 사고가 별개의 독립된 기능으로부터 발생한다는 주장이다. 러시아의 언어학자 비고츠키(Vygotsky)는 그의 저서 『사고와 언어』에서 언어와 사고가 처음에는 독립적으로 발달하다가 나중에 교차하여 서로에게 영향을 미친다고는 주장하였다. 그러나 언어와 사고의 영역이 각기 독립된 발달 계열에 기원을 두고 있지만 2세 전후의 사고와 언어는 서로의 영역을 침범하므로 근본적으로 사고와 언어의 관계를 상호 보완적 관계로 규정하였다. 특히 사고의 발달 과정에서 언어의 역할을 중시하였다. 이후 사고와 언어의 근원과 발달은 독립적이라고 주장하면서, 언어의 발달 과정을 기술하는 의미론과 통사론은 구별되어야 한다고 하였다.

다섯째, 사고와 언어가 근원은 같지만, 별개로 발생한다는 주장이다. 이런 주장은 언어학과 인지과학에서 오랫동안 논의되어 온 주제다. 이 관점은 언어와 사고가 밀접한 관계를 가지고 있으며, 언어 사용이 사고에 영향을 미칠 수 있다는 것을 보여 준다.

여섯째, 사고와 언어는 별개의 근원을 갖고 있지만, 같은 발달 계열을 통해 발달한다는 주장이다. 이런 주장은 인지 발달과 언어 발달의 상호작용을 탐구하는 데 중요한 관점을 제공한다. 이러한 관점은 언어와 사고가 서로 독립적인 기원을 가지고 있음에도 불구하고, 발달 과정에서 서로 영향을 주고받으며 성장한다는 것을 보여 준다. 사고와 언어가 다른 별개의 근원에서 시작되지만, 유사한 발달 단계를 통해 성숙한다는 것이다. 결론적으로 사고와 언어의 관계를 같은 것으로 보는 견해, 근원은 같으나 독립 기능으로 발생한다는 견해, 근원이 다르지만 동일하게 발전한다는 견해로 나눌 수 있다. 언어와 사고의 관계에 대한 여러 견해는 우리가 어떻게 생각하고, 언어를 사용하는지에 대한 깊은 통찰을 제공하고 인간의 인지 발달과 언어 습득에 대한 이해를 넓히는 데 중요한 역할을 한다.

정리하면, "닭이 먼저냐, 달걀이 먼저냐?"를 따지는 논쟁이 오래된 것처럼 "말이 먼저일까, 생각이 먼저일까?"라는 논쟁도 오래되었다. 단어나 개념을 알지 못하는 대상을 떠올리기는 어렵지만 단어나 개념을 잘 알고 있는 대상은 상대적으로 쉽게 떠올리는 것을 보면 언어가 사고에 영향을 준다고 할 수 있다. 한편 '여기저기'나 '오늘내일'은 표현이 자연스러운 데 비해 '저기여기'나 '내일오늘'은 어색하다. 이는 발화자에게 가까운 것을 먼저 인식하는 사고의 경향이 언어에 반영된 것으로 볼 수 있다. 이처럼 언어가 사고에 영향을 주는지 사고가 언어에 영향을 주는지를 분명하게 말하기는 매우 어렵다. 어린이가 언어를 학습하는 과정을 관찰하면, 언어 능력이 발달하면서 생각하는 능력이 발달하고 그렇게 발달한 사고력이 다시 언어 능력의 발달로 이어지는 것을 확인할 수 있다. 결국 언어와 사고는 어느 한쪽이 다른 쪽에 일방적으로 영향을 주는 관계가 아니라 서로 영향을 주고받는 관계에 있는 것이다.

2. 사고의 중요성

1) 사고란 무엇인가?

사고란 무엇이며, 사고를 통해 세상에 대해 정확히 무엇을 인식할 수 있는지에 대한 질문은 철학의 원초적인 질문이며, 오늘날까지도 그 중요성을 잃지 않고 있다. 오늘날 인공지능이 인간의 사고력을 뛰어넘을 수 있다는 주장이 지속해서 제기되고 있어서 사고를 통해 무엇을 알 수 있는지의 문제는 여전히 철학에서 중요하게 논의되는 것이다.

철학에서 이런 문제를 다루는 분야가 인식론이다. 인식론의 핵심 문제는 "앎이란 무엇인가?"다. 따라서 인식론의 논의 대상은 "어떤 앎이 믿을 만하며 가치 있는가?"라는 평가적 질문, "앎은 어떻게 얻어지는가?"라는 발생론적 질문, "앎의 탐구는 어떻게 이루어지는가?"라는 방법론적 질문과 "앎은 어떻게 함으로써 잘 가르칠 수 있는가?"라는 교육적 질문으로 이루어져 있다.

가장 일반적인 의미에서 사고라는 용어는 감각 자극과 독립적으로 일어날 수 있는 의식적인 인지과정을 의미한다. 사고의 구체적인 형태는 판단, 추론, 개념화, 문제해결과 실용적 추론이다. 그러나 아이디어를 고려하거나 기억하거나 상상하는 것과 같은 다른 정신적 과정도 종종 관여한다. 이러한 과정은 지각과는 달리 감각 기관과는 독립적으로 내부에서 일어날 수 있다. 그러나 가장 넓은 의미에서는 지각과 무의식적 정신 과정을 포함한 모든 정신적 사건을 사고의 한 형태로 이해할 수 있다. 약간 다른 의미에서 사고라는 용어는 정신적 과정 자체가 아니라 이러한 과정을 통해 유발되는 정신 상태 또는 생각의 체계를 가리킨다.

논리적 사고인 추리는 높은 차원의 인지 기능 중 하나이므로 지각, 학습 또는 기억과 같은 단순한 인지 기능과는 다르다. 사고는 행동에 앞서 행동을 위한 준비를 만든다는 점에서 행동과 명백히 다르다. 그러나 이러한 미래 지향적 관점 외에도 주어진 상황을 이해하고 과거 사건을 평가하는 데 기여하는 관점도 있다. 사고는 새로운 통찰력을 얻기 위해 언어적 개념, 시각적 이미지와 기타 정신적 콘텐츠에 적극적으로 내면을 개입하는 특별한 형태의 정보 처리이다. 사고는 종종 자동화된 루틴으로 사용할 수 없는 목표 지향적인 행동을 위해 사용된다.

2) 사고의 형태와 목적

사고는 여러 가지 형태로 이루어진다. 예를 들어, 연역적 판단을 내리는 논리적 추론, 미래 사건에 대한 귀납적 결론을 내리는 확률적 판단과 결정, 행동 계획을 할 때 나오는 문제해결적 사고 그리고 독창적이고 유용한 새로운 연결을 만드는 창의적 사고 등이다.

(1) 논리적 추론

논리적 추론은 이미 알고 있는 정보를 바탕으로 논리적인 결론을 도출하는 과정이다. 이는 직접 추론과 간접 추론으로 구분된다. 간접 추론에는 연역 추론과 귀납 추론이 포함된다. 직접 추론은 주어진 정보에서 바로 결론을 도출하는 방식이다. 예를 들어, “비가 온다.”(전제) “그러므로 강물이 맑아질 것이다.”(결론)처럼 직접추리는 원래 판단에 포함된 뜻을 다른 새로운 판단 형식에 의하여 만드는 것에 불과하다. 간접추론은 일반적인 규칙이나 원리를 바탕으로 특정 사례에 적용하여 결론을 도출하는 연역 추론이 있다. 예를 들어, “모든 사람은 죽는다. 소크라테스는 사람이다. 따라서 소크라테스는 죽는다.”와 같은 추론이 있다. 덧붙여 특정 사례들을 관찰하여 일반적인 규칙이나 원리를 도출하는 귀납 추론이다. 예를 들어, “이 사과들은 모두 빨갛다. 따라서 사과는 빨갛다.”와 같은 추론이다.

논리적 추론은 일상생활에서 매우 중요한 역할을 한다. 우리는 끊임없이 정보를 처리하고 의사결정을 내려야 하는데, 이 과정에서 논리적 추론이 필수적이다. 논리적 추론을 통해 우리는 잘못된 결론을 피하고, 더욱 합리적인 판단을 내릴 수 있다. 논리적 사고력 향상을 위해 지속적인 노력이 필요하다. 예를 들어, 논리적 추론 과정을 따져 보고 비판적 사고를 훈련하고 다양한 관점에서 문제를 바라보는 것이다.

(2) 확률적 판단

확률적 판단은 많은 경우 논리적으로 판단할 수 없고 불확실한 상황에서 추론해야 하는 경우에 적용한다. 예를 들어, 사용하려는 차량이 사고에 연루될 확률을 정확히 예측하는 것은 불가능하다. 이럴 때 유용한 것이 발견법 또는 휴리스틱 이론이다. 이 이론은 불충분한 시간이나 정보로 인하여 합리적인 판단을 할 수 없거나, 체계적이면서 합리적인 판단이 굳이 필요하지 않은 상황에서 사람들이 빠르게 사용할 수 있게 보다 용이하게 구성된 간편 추론의 방법을 제시한다. 제한된 합리성 가설은 사람이 복잡한 문제를 해결할 때 초기에는 이러한 이론을 이용하여 과제를 단순화시키고, 그다음에 규범적인 의사결정 규칙을 사용한다. 문제는 이 이론을 사용하면 많은 경우 근사치를 얻는 데 도움이 되지만, 휴리스틱은 종종 잘못된 판단으로 이어지기도 한다.

(3) 문제해결적 사고

일상적인 조처를 할 수 없는 상황에서는 문제해결적 사고가 필요하다. 실제 상태와 목표 상태 사이의 장벽이나 격차를 극복할 수 있는 방법을 찾는 것이 문제해결에 해당한다. 문제 공간에서 시도 행동으로서의 사고를 하여 미래에 가능한 행동을 계획하는 것이 이 과정에서 결정적인 역할을 한다. 문제 상태를 변화시키는 도구나 목적을 위한 수단으로 사용할 수 있는 것은 현실의 영역에 따라 다르지만, 보편적으로 사용할 수 있는 유추하여 찾기와 같은 일반적인 방법도 있다.

문제해결적 사고는 복잡한 문제를 체계적으로 분석하고 해결하는 사고 과정이다. 이는 문제를 이해하고, 정보를 수집하며, 문제를 분해하고, 해결 방법을 찾아내는 등의 단계로 이루어진다. 문제해결적 사고의 단계는, 첫째, 문제의 본질을 파악하고, 관련 정보를 수집하는 문제 이해 단계, 둘째, 문제해결에 필요한 정보를 체계적으로 수집하는 정보 수집 단계, 셋째, 복잡한 문제를 작은 단계로 나누어 접근하는 문제 분석 단계, 넷째, 단계별로 최적의 해결 방법을 모색하는 해결 방법 찾기 단계, 다섯째, 문제해결에 도움이 되지 않는 요소를 제거하는 불필요한 부분 제거 단계로 이루어진다. 이러한 과정을 통해 우리는 더욱 효과적으로 문제를 해결할 수 있다. 이를 위해 빠르게 상황을 파악하고 즉각적으로 대응할 수 있는 민첩한 사고와 다양한 관점을 고려하며 균형 잡힌 해결책을 찾는 균형 잡힌 사고가 필요하다.

(4) 창의적 사고

마지막 창의적 사고다. 때때로 사고는 창의적이며 새로운 것을 창조한다. 창의적인 결과물은 새롭고, 유용해야 한다. 창의적 사고는 표준적인 해결책이 없는 어려운 문제가 있는 복잡한 문제해결에 필요하다. 창의적 사고는 새롭고 유용한 아이디어를 생산하는 정신적 과정이다. 이는 기존의 정보와 지식을 새로운 방식으로 조합하여 가치 있는 결과를 도출하는 것을 의미한다. 창의적 사고는 개인의 삶과 직장에서 생산성을 높이고 혁신을 이끌어 낼 수 있는 중요한 기술이다.

창의적 사고는, 첫째, 기존의 관점에서 벗어나 새로운 관점에서 문제를 바라보게 하고, 둘째, 전통적인 방식에서 벗어나 새로운 해결책을 개발하고, 셋째, 자유로운 연상과 발상을 통해 창의적인 아이디어를 생성하고, 넷째, 다양한 분야의 지식과 경험을 융합하여 새로운 아이디어를 도출하며, 다섯째, 열린 마음으로 다양한 관점을 수용하고 받아들인다. 따라서 창의적 사고는 자기 인식, 문제해결, 의사결정 등 다양한 측면에서 도움을 줄 수 있다. 특히 불확실성이 높은 현대 사회에서 창의적 사고는 필수적인 역량이다.

정리하면 사고의 본질적인 특성과 목적은 다음과 같다.

첫째, 시각화이다. 생각하는 사람은 감각적 경험으로부터 분리되어 있으므로 과거와 미래를 시각화할 수 있다. 시각화란 상상을 위한 공간을 확보하고 주어진 것뿐만 아니라 가능한 것까지 고려하는 것을 의미한다. 무언가를 더 집중적으로 생각할수록 그것은 마음의 눈앞에 더 생생하게 나타나고 존재하게 된다.

둘째, 개념화를 통한 정리이다. 추상화 과정에서 대상과 사물은 개념화된다. 이런 종류의 의식적인 노력은 개념을 분류하여 그룹화하는 사고의 성과이며, 사고의 중심 과제이기도 하다. 따라서 개념 형성은 대상과 사물의 공통된 속성을 뽑아내어 그것을 일반화시켜 하나의 개념으로 만드는 것이다.

셋째, 내면성이다. 생각하는 사람은 행동하는 사람과 달리 바깥으로 향하는 것이 아니라 안쪽으로 향한다는 점에서 다르다. 사고의 내면성은 개인의 주관적이고 심리적인 사고 과정을 의미한다. 이는 외부 세계에 대한 개인의 주관적인 해석과 이해를 반영한다. 사고의 내면성은 개인의 경험, 가치관, 신념 등에 의해 형성되며, 이를 통해 개인의 정체성과 자아가 구축된다.

따라서 사고 능력은 우리가 세상을 이해하고, 문제를 해결하는 데 있어 매우 중요한 역할을 한다. 이를 통해 개념을 형성하고, 환경을 정리하며, 과제를 해결하고, 문제를 극복할 수 있다. 사고 능력을 키우고 발전시키기 위한 교육과 실천이 중요하며, 이는 개인의 성장과 발전에 크게 기여할 것이다.

사례 연구

근대 과학의 역사적 영향

인류 역사에서 과학과 과학기술의 등장은 최근의 일이다. 단적인 예로, 인류 역사 5백만 년을 30일로 압축하여 전개한다면, 인류는 비교적 오랜 시간인 29일 22시간 30분을 자연에 의존하여 유목민으로 사냥과 채집을 하면서 살았다. 그리고 1시간 20여 분 동안 농업에 종사하며 추수하고, 집을 짓고 고대 도시를 만들었다. 르네상스 이후, 근대에 접어들어서는 불과 4분에 지나지 않는다. 이 시대에 시민사회와 국가가 발전하고, 중산층이 출현하고 노예제도도 없어졌다. 과학기술의 발전으로 산업 시대에 접어든 것은 불과 1분 30초 전의 일이다. 전화의 발명을 기점으로 삼으면 전자 정보 시대는 50초 전에 시작하였고, 컴퓨터가 등장한 것은 불과 12초 전의 일이다. 아주 짧은 기간에 이루어진 과학기술의 발전은 모든 분야에서 경이로운 변화를 유발시켰다. 공업화가 이루어진 나라에서 대부분 사람은 도시로 집중적으로 몰려들어 공장이나 회사에 근무하거나 서비스업에 종사하면서 살고 있다. 게다가 과학기술의 발전은 경제성장을 촉진하고, 경제성장은 자본주의라는 이념의 이름으로 민주화의 길을 열어 주었다. 이런 이유로 과학과 기술이 인류의 복음으로 찬양받게 된 것은 결코 놀라운 일이 아니다.

그러나 20세기에 접어들면서 상황은 반전되었다. 적어도 지식인 사회에서 과학은 찬양이 아니라 비판과 비난의 대상이 되어 버렸다. 1~2차 세계대전과 환경파괴를 계기로 과학이 역사 진보의 원동력이라는 믿음은 깨어져 버렸고, 객관적인 진리로서 과학에 대한 전통적인 믿음도 상당 부분 손상되었다. 이제 과학은 과거의 영화(榮華)를 상실하고, 그 역기능으로 인한 비판과 심지어 비난의 세례를 받는 신세가 되었다. 한마디로 말하자면, 이성의 총아로 우대받던 과학이 포스트모던의 열풍에 뒷전으로 밀려난 것이다.

1700년대 후반 한 과학자는 “모든 방향으로 확장되는 빠른 지식의 진보는 과학뿐만 아니라 종교에서도 모든 오류와 편견을 근절할 것이라고 확신한다. 최근에 특별히 이 나라에서처럼 자연적 지식이 이렇게 진보한 시대는 존재하지 않았다. 베이컨의 지적처럼 지식은 힘이며 인간의 힘은 실제로 확장될 것이다. 우리는 자연을 통제하게 될 것이다. 이 세계에서 인간은 자신의 상황을 더욱 편안하고 안락하게 만들 것이며 이 땅에 더욱더 오래 살게 될 것이다. 모든 사람은 날마다 더 행복해지고, 우리가 지금은 상상할 수 없을 정도로 영광스럽고 무궁한 행복을 누릴 것이다”라고 확신하였다. 그러나 21세기를 살아가는 우리에게는 이러한 과학에 대한 믿음이 점점 희박해진다고 보아도 전혀 불편하지 않게 되어 버렸다.

출처: 김은철 외, 『철학적 리터러시 연습을 위한 에세이들』

1. 주어진 제시문의 각 단락에서 주장과 이유를 찾아 옮겨 적어 보자.

2. 주어진 제시문에서 보완하거나 비판할 점을 찾아보자.

3. 글을 읽고 자신의 생각을 정리하여 논리적 글쓰기를 표현해 보자.

02 Chapter 사고의 유형

사고의 유형 02 Chapter

1. 창의적 사고

사고(Thinking)란 사회생활에서 문제에 대처하고 해결하는, 또 문제를 제기하는 인간의 지적 활동의 총체를 말한다. 사고는 감각이나 지각과는 다른 차원의 인간 두뇌의 활동이고, 이 활동을 매개로 하여 인간은 세계를 인식, 예측하고, 다른 한편으로는 자기 자신의 요구, 이상, 목적 등을 추구하며 그 실현에 힘쓴다. 사고는 언어와 함께, 인간의 사회적 실천의 발전과정, 인간의 집단적 노동의 발전과정에서 발생한다. 그것은 인간의 인식 능력을 높이고 인간의 행동에 의식적 · 계획적인 성격을 부여함으로써 사회적 실천을 현저하게 발전시켰다.

대부분 사람은 창의력을 아주 특별한 사람만이 가지고 있다고 생각하고 자신과 무관한 능력으로 생각하고 있다. 그러나 직업인들에게 창의적 사고 능력은 문제해결의 기본적 요소이다. 과연 창의적인 사고는 무엇일까? 창의적인 사고는 사회나 개인에게 새로운 가치를 창출하는 능력으로 직업인들은 기본적으로 갖추어야 할 덕목으로 간주되고 있으며, 조직에서도 창의적인 사고를 하는 사람들을 찾고 선호하는 경향을 보인다. 그러나 사람들은 창의적 사고를 대단하게 생각하는 잘못된 편견을 가지고 있다. 하지만 창의적 사고는 누구에게나 있는 능력으로 일상생활에서 끊임없이 창의적 사고를 계속하고 있다.

1) 창의적 사고의 정의

문제를 빠르고 특이하게 해결했다고 해서 그 사람을 창의적이라고 할 수는 없다. 안 풀리는 문제, 해답이 많은 문제, 때로는 정답이 없는 문제를 해결하는 사람이야말로 창의적인 사람이라고 할 수 있다. 이렇듯 창의적인 사고란 당면한 문제를 해결하기 위해 이미 알고 있는 경험과 지식을 해체하여 다시 새로운 정보로 결합함으로써 가치 있고 참신한 아이디어를 산출하는 사고로, 다음과 같은 의미를 포함하고 있다.

① 창의적인 사고는 발산적 사고로서, 아이디어가 많고, 다양하고, 독특한 것을 의미한다.

② 창의적인 사고는 새롭고 유용한 아이디어를 생산해 내는 정신적인 과정이다.

③ 창의적인 사고는 통상적인 것이 아니라 기발하거나 신기하며 독창적인 것이다.

④ 창의적인 사고는 유용하고 적절하며, 가치가 있어야 한다.

⑤ 창의적인 사고는 기존의 정보(지식, 상상, 개념 등)들을 특정한 요구조건에 맞거나 유용하도록 새롭게 조합시킨 것이다.

2) 창의적 사고의 특징

창의적 사고는 다음과 같은 세 가지 특징을 보인다.

첫째, 창의적 사고란 정보와 정보의 조합이다.

여기에서 말하는 정보에는 주변에서 발견할 수 있는 지식(내부 정보)과 책이나 밖에서 본 현상(외부 정보)의 두 종류가 있다. 이러한 정보를 조합하고 그 조합을 최종적인 해답으로 통합해야 하는 것이 창의적 사고의 첫걸음이다.

둘째, 창의적 사고는 사회나 개인에게 새로운 가치를 창출한다.

창의적 사고는 개인이 갖춘 창의적 사고와 사회적으로 새로운 가치를 가지는 창의적 사고의 두 가지로 구분된다. 아이들의 창의적 사고는 어른들이 보기에는 보잘것없어 보일 수도 있다. 하지만 아이들에게는 새로운 가치가 될 수 있다. 그리고 개인이 갖춘 창의력은 계발을 통해서 그 능력을 키울 수 있다. 따라서 단순히 사회에 대한 영향력이라고 하는 것 외에도 개인이 창의적 사고를 얼마나 발전시킬 수 있는가 하는 점도 생각할 필요가 있다.

셋째, 창의적 사고는 창조적인 가능성이다.

이는 "문제를 사전에 찾아내는 힘", "문제해결에 있어서 다각도로 힌트를 찾아내는 힘", "문제해결을 위해 끈기 있게 도전하는 태도" 등이 포함된다. 다시 말해서, "창의적 사고"에는 사고력을 비롯해 성격, 태도에 걸친 전인격적인 가능성까지도 포함된다. 이러한 창의적인 사고는 창의력 교육훈련을 통해서 개발할 수 있으며, 모험심, 호기심, 적극적, 예술적, 집념과 끈기, 자유분방할수록 높은 창의력을 보인다.

3) 발산적 사고

발산적(확산적) 사고란 하나의 점에서 펼쳐 나가듯이 사고가 확장되어 가는 의미로 창의적 사고의 또 다른 표현이다. 창의적 사고의 특징으로는 많은 조건에서 하나의 해답을 이끄는 수렴적 사고와는 달리 발산적(發散的) 사고는 주어진 조건에서 가능한 한 많은 해답을 이끄는 사고이며, 어떤 문제에 직면하였을 때 새롭고 의미 있는 착상을 만들어 내는 특징을 가지며 발산적 사고는 예술가, 과학자, 기술자에게만 나타나는 것은 아니며, 정도에 차이는 있지만 일반 성인이나 어린아이에게서도 볼 수 있다.

발산적 사고란?

'비주얼 씽킹'은 나의 생각을 간단한 그림으로 표현, 빠르게 전달할 수 있는 것인데 우리나라에서 주목을 받게 된 것이 5년 정도밖에 되지 않았다.

비주얼 씽킹을 처음 접하면 '나는 그림을 잘 못 그리는데?'라고 생각하며 어렵게 느끼기 쉬운데 우리가 그림을 어렵다고 생각하게 된 때는 학교에 입학, 등수를 나누게 되어 평가하게 된 때부터라며 일반적으로 우리가 생각하는 그림과 달리 비주얼 씽킹은 특별한 기술이 필요하지 않고 빠른 시간에 한 번에 그리는 것이 포인트라고 말했다.

몇 가지 방법을 설명한 명혜리 교수는 우리는 매일 '비주얼 씽킹' 한다고 설명하면서 그것은 바로 이모티콘이라면서 다소 생소한 분야를 쉽게 다가갈 수 있도록 했다. 비주얼 씽킹은 창의적 사고가 기반이 되어야 하는데 이를 위해서는 확산적 사고가 필요하다고 덧붙였다.

1+1이 2라고 생각하지만 우리는 0이 될 수도 있고, 1 또는 3이 될 수 있는 예를 설명하면서 기본적 논리를 바탕으로 한 확산적 사고가 창의적 사고의 첫 단계라고 강조했다.

'낮에 생각한 것이 밤에 보인다'라는 중국 속담이 있는데 이는 꾸준한 노력이 영감으로 된다는 것이므로 반복적인 사고와 노력으로 무에서 유를 만들어 낼 수 있을 것이다.

출처: TV report, [권영찬 닷컴]

2. 합리적 사고

1) 합리적 사고의 정의

현명한 결정이나 판단은 조직의 리더나 정책 결정 시에 내려야 되는 것은 아니다. 사람은 누구나 직장생활이나 개인 생활에서 수많은 '선택'의 순간을 맞이하고, 의사결정을 내려야 될 때가 있다. 직장생활에서는 두 가지 이상의 업무가 중복되어 우선순위를 정할 때, 이직을 결심하거나, 다른 사람이 무리한 요구를 할 때 거절의 의사표시를 하는 등의 경우가 있다. 또 일과 생활의 균형(Work-Life Balance) 문제가 화두로 되고 있는 요즈음에는 이 둘 간의 균형을 유지하기 위한 의사결정을 해야 할 경우가 증가하고 있다.

합리적 사고란 주어진 사실에 근거하여 객관적이고 보편적인 기준에 따라 정확하고 공정한 판단을 내리고, 논리적으로 일관성 있게 주장하는 것을 말한다. 합리적 사고를 위해서는 기존 방식에 대한 끊임없는 자기비판과 대안 제시의 과정이 필요하며, 주어진 정보와 추론에 무조건 의지하지 않고, 여러 대안을 비교함으로써 가장 적절한 해결방안을 구할 수 있다.

어떠한 의사결정을 내렸느냐에 따라서 작게는 개인의 일시적인 시간 낭비나 재정지출이 있을 수도 있지만 크게는 인생 경로가 바뀌게 되며, 조직 전체의 운명이 좌우되기도 한다. 따라서 합리적인 의사결정 과정을 통해 문제의 본질을 파악하고 최적의 대안을 선정할 필요가 있다.

2) 합리적 사고

사람이라면 누구나 문제에 직면하게 되고 또 해결책을 찾아야 함은 두말할 나위 없는 사실이다. 따라서 문제해결 능력은 직장인이면 누구나 갖추어야 할 기본 소양이라 할 수 있다.

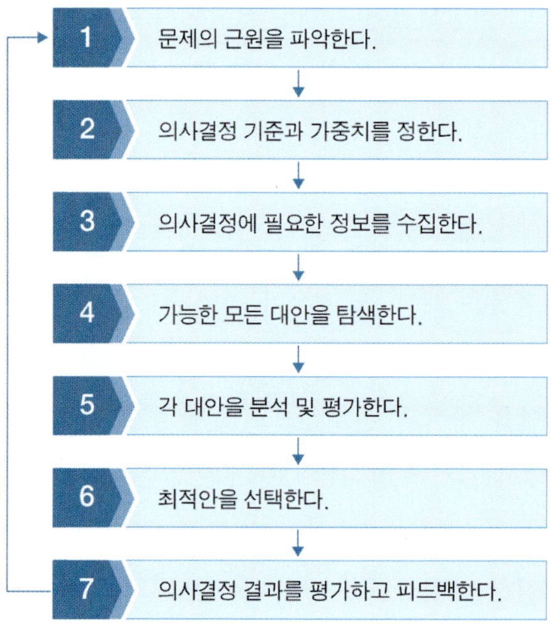

특히 해결방안에 대한 목표를 정하여 몇 가지 대안을 찾아보고 가장 실행 가능한 최상의 방법을 선택하는 합리적인 사고과정은 매우 중요하고 필요한 역량이다.

① 합리적 사고를 위해 어떤 문제의 의사결정에 앞서서 발생한 문제가 어떤 원인에 의한 것인지, 문제의 특성이나 유형은 무엇인지를 파악한다.
② 합리적 사고를 위한 의사결정의 기준과 가중치를 정한다. 이 단계에서는

개인의 관심, 가치, 목표 및 선호에 따라 의사결정을 할 때 무엇을 중요하게 생각하고 중요한지가 결정되게 된다. 즉, 사람에 따라 어떤 사람은 매우 적절하다고 생각하는 기준이나 가치가 다른 사람에게는 그렇지 않을 수 있다. 사람에 따라서는 일하는 방식이나 생활 방식이 맞지 않는 경우다.

③ 의사결정에 필요한 정보를 수집한다. 의사결정을 위해서는 판단의 자료가 필요하다. 그러나 이러한 자료를 너무 많이 수집할 경우 시간이나 비용의 소모가 크며, 너무 적게 수집하면 다양한 방법으로 검토할 수가 없으므로 적절히 수집할 필요가 있다.

④ 합리적 의사결정을 위한 가능한 모든 방법과 대안을 찾는다.

⑤ 가능한 대안들을 앞서 수집한 자료에 기초하여 합리적인 의사결정 기준에 따라 장단점을 분석하고 평가한다.

⑥ 여러 가지 대안 중 합리적인 가장 최적의 안을 선택하거나 결정한다.

⑦ 합리적 사고를 위한 의사결정을 내리면 결과를 분석하고 다음에 더 좋은 의사결정을 내리기 위하여 피드백한다. 의사결정자는 자기 탐색의 과정을 거쳐서 의사결정 기준을 세울 필요가 있으며, 가능한 모든 평가 기준과 대안들을 찾고, 각 대안을 객관적이고 정확하게 평가할 수 있어야 한다.

사례 연구 1

나이키와 구글의 경쟁 상대

몇 년 전 『나이키의 경쟁상대는 닌텐도다』라는 책이 세인들의 관심을 끌었다. 세계 최고의 스포츠 브랜드인 나이키가 왜 같은 업종에 속한 아디다스, 리복 등이 아닌 전혀 상관없을 것 같은 게임기 업체 닌텐도를 경쟁자로 여기고 있는 것일까?

의외로 답은 간단하다. 나이키의 주 고객은 바로 청소년들인데 만약 이들이 닌텐도 게임에 정신이 팔려 게임에만 몰두하게 되면 집 밖으로 운동을 즐기러 나가는 시간이 줄어들게 될 것이기 때문이다. 결국 운동화를 신을 시간이 줄어들면 그만큼 나이키는 매출에 지장을 받을 수밖에 없다. 단순한 신발업체 간의 경쟁이 아닌 스포츠업체와 게임업체가 서로 경쟁하고 있다.

그렇다면 세계 최고의 할인 유통점인 월마트의 경쟁상대는 누구일까? 월마트는 세계 최고의 검색 업체인 구글을 예의 주시하고 있다. 왜냐하면 구글이 만든 쇼핑폰이 상품 바코드에 갖다 대기만 하면 위치정보, 검색기능을 통해 인근에서 가장 싸게 판매하는 매장을 안내해 줄 수 있기 때문이다. 즉, 구글에서 월마트보다 저렴한 가격에 파는 곳을 검색해 보면 월마트가 지금까지 이어 온 'Every Day Low Price'라는 이미지가 무너질 수 있다는 것이기 때문이다.

출처: 장재윤, 『나이키의 경쟁상대는 닌텐도다』

1. 위의 사례에서 경쟁상대를 분석할 때 동종 업체가 아닌 타 업종에서 경쟁상대를 찾을 수 있었던 이유는 무엇일까?

____

____

2. 위와 같은 방식에 의한 분석은 어떤 장점과 유용함이 있는가?

____

____

3. 비판적 사고

비판적 사고는 상대방을 모욕하거나 굴복시키기 위해 동의하지 않는 것과는 다르다. 비판적 사고는 어떤 문제를 합리적이고 논리적으로 분석하고 평가하는 문제해결을 위한 바람직한 사고로서 흔히 사람들은 비판적으로 생각하라고 하면, 남의 단점을 찾아내거나 부정적인 생각으로 인식하는 경향이 있다. 이는 합리적이고 논리적인 사고를 위하여 어떤 문제를 분석 · 평가 · 분류하는 과정에 필요한 비판적 사고를 잘못 이해하는 것이다. 직업인에게 필요한 비판적 사고란 무엇인지 알아보자.

1) 비판적 사고의 정의

비판적 사고는 어떤 주제나 주장 등에 대해서 적극적으로 분석하고 종합하며 평가하는 능동적인 사고이다. 이러한 비판적 사고는 어떤 논증, 추론, 증거, 가치를 표현한 사례를 타당한 것으로 수용할 것인가, 아니면 불합리한 것으로 거절할 것인가에 대한 결정을 내릴 때 요구되는 사고력이다. 비판적 사고는 지엽적이고 시시콜콜한 문제를 트집 잡고 물고 늘어지는 것이 아니라 문제의 핵심을 중요한 대상으로 한다. 비판적 사고는 제기된 주장에 어떤 오류나 잘못이 있는가를 찾아내기 위하여 지엽적인 부분을 확대하여 문제로 삼는 것이 아니라, 지식, 정보를 바탕으로 한 합당한 근거에 기초를 두고 현상을 분석하고 평가하는 사고이다.

비판적 사고는 일상생활을 성공적으로 해 나가는 데도 중요하고 미래를 어둡게 할 수많은 딜레마를 해결하는 데도 매우 중요하게 작용하기 때문이다. 또 이런 비판적 사고를 해야 창조적 사고가 가능하기 때문이다. 비판적 사고의 훈련을 통해서 우리는 다른 사람들의 주장뿐만 아니라 자신의 주장에 대해서도 논리적으로 비판하는 능력을 키울 수 있다. 어떤 주장을 그대로 받아들이는 것이 아니라 주장의 근거와 적절성을 비판적으로 검토해 보는 것이 핵심이라 할 수 있다.

비판적 사고를 기르기 위해서는 다음과 같은 질문으로 접근해 볼 수 있다.

① 지금 하는 이야기의 주된 이슈는 무엇인가?
② 애매한 단어 사용이나 추론의 오류는 없는가?
③ 인용되고 있는 가정은 적절하게 사용되고 있는가?
④ 증거는 얼마나 객관적 근거에 바탕을 두고 있는가?
⑤ 통계에 속임수가 있지는 않은가?
⑥ 중요한 정보가 빠져 있지는 않은가?
⑦ 어떤 합당한 결론이 가능한가?

사례 연구 2

사과(Apple) 이야기

스티브 잡스의 애플, 뉴턴의 사과, 아담과 이브의 사과까지, 인류 역사에 가장 의미 있는 변화를 준 사과 한 알에는 종교, 과학, 예술 등의 분야에서 구원, 힘, 지식과 과학에 관한 다양한 의미가 함축되어 있다.

❶ 스티브 잡스의 '사과'

스티브 잡스의 '애플(Apple)'은 창의적인 기술혁신으로 아이폰, 아이패드에 이어 전 세계인의 손에 스마트폰을 공급하며 새로운 세상을 열어 주었다. 한 손에 세계의 정보를 한눈에 볼 수 있는 정보화 사회라는 패러다임으로 세상을 바꾸어 놓았다. 한 입 베어 문(bite)이라는 단어가 정보처리 단위인 바이트(byte)와 발음이 비슷한 것도 재미있다.

❷ 뉴턴의 '사과'

뉴턴의 사과는 만유인력을 발견하는 기회를 제공하여, 과학 발전에 큰 전기를 마련해 준 혁신적인 사과이다. 뉴턴은 작은 고향 마을에서 어느 날 정원의 나무에서 사과가 떨어지는 것을 우연히 보고, 지구와 사과 사이에 어떠한 힘이 존재하고 있을 것이라는 상상을 했다. 모든 물체 사이에는 보편적으로 작용하는 만유인력이 존재함을 발견한 것이다.

❸ 아담과 이브의 '사과'

인류와 사과의 연결고리는 에덴동산에 살던 아담과 이브가 "절대 선악과를 따 먹지 말라"는 하나님의 말씀을 거역한 역사로 시작된다. "선악을 알게 하는 나무의 열매를 먹으면 하나님처럼 지혜로워진다"라고 뱀이 유혹하자 이브는 결국 선악과를 따 먹고, 결국 두 사람은 풍요로운 낙원에서 쫓겨나서 이브는 출산의 고통을 얻게 되고, 아담은 힘든 노동을 하며 그 생명은 유한하다는 한계를 지니게 된다. 사과는 인간 원죄설의 근본이 되었고, 사과로 인하여 새로운 인류 역사가 시작된 것이다.

4. 논리적 사고

1) 논리적 사고의 정의

논리적 사고는 직장생활 중에서 지속으로 요구되는 능력이다. 업무 수행 중에 자신이 만든 계획이나 주장을 주위 사람에게 이해시켜 실천시키기 위해서는 체계적인 설득과정을 거쳐야 하는데, 이때 필요한 것이 논리적 사고이다.

2) 논리적 사고

논리적인 사고를 하기 위해서는 다음 그림과 같이 생각하는 습관, 상대 논리의 구조화, 구체적인 생각, 타인에 대한 이해, 설득의 5가지 요소가 필요하다.

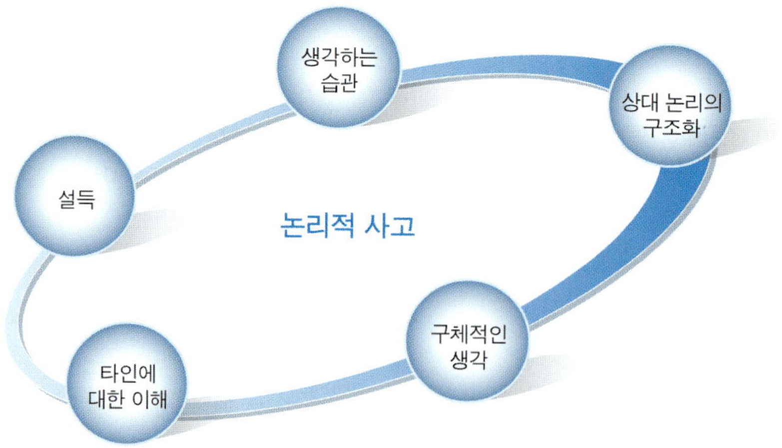

(1) 생각하는 습관

논리적 사고에 있어서 가장 기본이 되는 것은 늘 생각하는 습관을 들이는 것이다. 생각할 문제는 우리 주변에 쉽게 찾아볼 수 있으며, 특정한 문제에 대해서만 생각하는 것이 아니라 일상적인 대화, 회사의 문서, 신문의 사설 등 어디서 어떤 것을 접하든지 늘 생각하는 습관을 들이는 것이 중요하다. “이것은 조금 이상해”, “이것은 재미있지만, 왜 재미있는지 알 수 없어”라는 의문이 들었다면, 계속해서 왜 그런지에 대해서 생각해 보아야 한다. 특히 이런 생각은 출퇴근길, 화장실, 잠자리에 들기 전 등 언제 어디에서나 의문을 가지고 생각하는 습관을 들여야 한다.

(2) 상대 논리의 구조화

상사에게 제출한 기획안이 거부되었을 때, 자신이 추진하고 있는 프로젝트를 거부당했을 때 왜 그럴까, 왜 자신이 생각한 것처럼 되지 않을까, 만약 된다고 한다면 무엇이 부족한 것일까 하고 생각하기 쉽다. 그러나 이때 자신의 논리로만 생각하면 독선에 빠지기 쉽다. 이때에는 상대의 논리를 구조화하는 것이 필요하다. 상대의 논리에서 약점을 찾고, 자신의 생각을 재구축한다면 분명히 다른 메시지를 전달할 수 있다. 자신의 주장이 받아들여지지 않는 원인 중에 상대 주장에 대한 이해가 부족하다고 하는 것이 있을 수 있다.

(3) 구체적인 생각

상대가 말하는 것을 잘 알 수 없을 때에는 구체적으로 생각해야 한다. 업무 결과에 대한 구체적인 이미지를 떠올려 본다든가, 숫자를 적용하여 표현한다든가 하는 방법으로 구체적인 이미지를 활용하는 것을 통해 단숨에 논리를 이해할 수 있는 경우도 많다.

(4) 타인에 대한 이해

상대의 주장에 반론을 제시할 때에는 상대 주장의 전부를 부정하지 않는 것이 좋다. 동시에 상대의 인격을 부정해서는 안 된다. 예를 들어, "당신이 말하고 있는 것의 이 부분은 이유가 되지 못한다."고 하는 것은 주장의 부정이지만, "이런 이유를 설정한다면 애당초 비즈니스맨으로서는 불합격이다"라고 말하는 것은 바람직하지 못하다. 반론을 하든 찬성을 하든 논의를 함으로써 이해가 깊어지거나 논점이 명확해지고 새로운 지식이 생기는 등 플러스 요인이 생기는 것이 바람직하다.

(5) 설득

논리적인 사고는 고정된 견해를 낳는 것이 아니며, 더구나 자신의 사상을 강요하는 것도 아니다. 자신이 함께 일을 진행하는 상대와 의논하기도 하고 설득해 나가는 가운데 자신이 깨닫지 못했던 새로운 가치를 발견하고 생각해 낼 수가 있다. 또 반대로 상대에게 반론을 하는 가운데 상대가 미처 깨닫지 못했던 중요한 점을 발견할 수 있다.

설득은 공감을 수반해야 한다. 설득은 논쟁을 통하여 이루어지는 것이 아니라 논증을 통해 더욱 정교해진다. 이러한 설득의 과정은 나의 주장을 다른 사람에게 이해시켜 납득시키고 그 사람이 내가 원하는 행동을 하게 만드는 것이며 이해는 머리로 하고 납득은 머리와 가슴이 동시에 공감하는 것을 말하고 이 공감은 논리적 사고가 기본이 된다.

3) 논리의 비약

2023년에 상영한 '서울의 봄'이 1000만 영화에 등극했다. 1000만 명이 본 영화라면 '와, 얼마나 재밌길래…'하는 생각이 든다. 그러면 1000만 명이 쓰는 카드라면 '와, 얼마나 좋은 카드길래…' 하는 생각이 들지 않겠는가!

1000만 인의 카드 현대카드. 한 유명 카드회사의 홍보 문구다. 이런 마케팅 전략으로 카드회사는 큰돈을 벌었을지 모른다. 하지만 안타깝게도 이 카드회사의 주장은 논리적 비약으로 가득 차 있다. 특정 카드를 1000만 명이 넘게 사용하는 이유는 회사가 독점적 지위를 갖고 있기 때문일 수도 있고 품질과 직접 관련이 없는 유통망이나 마케팅 효과 때문일 수도 있다. 또 1000만 명 넘는 사람이 이 회사 카드를 갖고 있다 하더라도 실제 물건을 살 때는 다른 회사 카드를 사용할 수도 있다.

1000만 명 사용 = 좋은 카드라는 것에는 사실상 인과관계가 없는 셈이다. 다수 대중이나 군중을 활용해 어떤 주장의 타당성을 펴는 것은 명백한 논리적 비약이며 오류다.

(1) 권위와 공격

정치인들이 활용하는 전형적 수법이다. "제정신을 가진 사람이라면 그런 주장을 펼 수 있겠는가"라는 말처럼 상대방의 주장이 아니라 상대방의 인격을 공격하는 게 대표적 사례다. 위대한 성인이나 유명한 사람의 말을 활용해 자신의 주장을 합리화하는 것도 오류가 될 개연성이 높다. 어떤 사람이 "대한민국 최고 권위자인 XXX 박사도 이런 말을 했습니다"라고 말한다면 자신의 논리적 취약점을 덮으려는 것이 아닌지 의심해 볼 필요가 있다.

(2) 허수아비 공격

상대방의 주장과는 전혀 상관없는 별개의 논리를 만들어 공격하는 경우다. 법정에서 많이 활용되는데 일례로 "피의자는 평소 사생활이 문란했고 마약을 복용한 전력도 있습니다. 따라서 살인 혐의로 기소돼야 합니다"란 주장을 살펴보자. 얼핏 '사생활 문란–마약–살인'은 연관성이 있어 보이지만 개별적 인과관계를 입증해야 설득력을 얻을 수 있다. 자칫 논리가 빈약한 경우 이렇게 엉뚱한 다른 문제를 공격해 이익을 취하는 경우가 많다.

(3) 무지

"담배가 암을 일으킨다는 확실한 증거는 없다. 따라서 정부의 금연 정책은 잘못이다." 얼핏 들어 보면 그럴듯해 보이지만 증명되지 않았다고 해서 그 반대의 주장이 참인 것은 결코 아니다. 실제 '신이 존재하는가'란 문제처럼 증명할 수 없거나 증명이 어려운 경우도 부지기수다. 수많은 거짓 사이비들이 애용하는 논리적 오류다.

(4) 일반화

"한국인은 노예근성이 있다. 남자는 늑대다. 흑인의 지능이 떨어진다." 이런 식의 주장은 성급한 일반화 오류에 빠진 경우다. 특정한 몇몇 사례만을 토대로 일반화했기 때문이다. 돌팔이 약장수들이 질병 치료에 성공한 몇몇 사례를 토대로 물건을 팔 때 사용하는 전형적 논리도 성급한 일반화 오류에 기인한다.

(5) 과대 해석

문맥을 무시하고 과도하게 문구에만 집착할 경우 논리적 오류에 빠지게 된다. 성경에 나오는 '이웃을 사랑하라'는 말을 문구대로 과대 해석할 경우 도피 중인 중범죄자까지 보호해 주는 오류를 범할 것이다. 일상생활에서 "퇴근길에 조심하세요."라는 가족의 말을 '퇴근길 말고는 조심하지 말라'는 의미로 받아들이는 것도 이런 오류에 빠진 것이다.

03 Chapter 비판적 사고

Chapter 03 비판적 사고

1. 비판적 사고의 정의

프랑스 철학자 데카르트가 '나는 생각한다. 고로 나는 존재한다'라고 말했듯이 인간은 생각하는 동물이다. 생각을 통하여 추론하고 표현하며 문제를 분석, 해결할 수 있는 지적 활동을 수행할 수 있다.

이러한 지식을 사용하는 사고(思考)의 유형은 창의적 사고, 합리적 사고, 논리적 사고, 비판적 사고로 분류된다. 이 중 비판적 사고는 무엇이 진실이고 무엇이 거짓인지를 분간하기 위해 추론을 사용하는 과정이며 무엇을 믿어야 하는가에 관해 명확하고 합리적으로 생각하는 자기주도적 사고이다.

비판적 사고의 사전적 의미로는 '어떤 사태에 처했을 때 감정 또는 편견에 사로잡히거나 권위에 맹종하지 않고 합리적이고 논리적으로 분석 · 평가 · 분류하는 사고 과정' 혹은 '자신의 주장에 잘못이 없는지를 엄격히 살펴보는 일'이다. 비판적 사고는 다양한 학문영역에서 다른 이름을 붙여 사용하고 있다. 사회 과학 분야에서는 '과학적 사고'로 수학에서는 '논리 수학적 사고', 문학에서는 '비평'

이라는 분야가 있고, 철학에서는 '논리학'으로 IT 분야에서는 'Computational Thinking'으로 불린다.

이러한 비판적 사고는 철학과 심리학 그리고 교육학의 전통에서 나온 것으로 미국에서 유래하였다. 대표적인 학자로는 존 듀이(John Dewey), 에드워드 글레이저(Edward Glaser), 로버트 에니스(Robert Ennis), 리처드 폴(Richard Paul) 그리고 영국 출신의 미국 철학자 마이클 스크리븐(Michael Scriven)이 있다. 우리는 이들 학자의 비판적 사고에 대한 고전적 정의를 살펴보면서 비판적 사고가 어떻게 발전되어 왔고 중요 생각이 무엇인지를 이해해 보도록 한다.

1910년부터 1939년에 이르러 비판적 사고에 대한 체계적 연구를 한 철학자이자 심리학자인 존 듀이는 비판적 사고란 근거를 통한 임의의 믿음이나 지식을 그것이 향하는 결론에 비추어 끈질기고 꼼꼼하게 검증하는 반성적 사고(reflective thinking)라고 하였다. 이것은 '무반성적 사고'에 대비하는 것으로, 무반성적 사고란 어떤 증거를 제시하지 않고서 바로 결론으로 건너뛰거나 제대로 생각하지도 않고 증거, 주장, 결정을 그대로 받아들이는 태도이다. 우리는 때로 신속하게 결론을 내려야 하거나 꼼꼼하게 따져 보아야 할 만큼 중요한 것이 아닌 현안을 맞을 때도 있지만 멈추어서 끈질기게 생각을 해 봐야 할 상황도 있다는 것을 의미한다. 존 듀이는 비판적 사고에 있어서 '믿음의 이유'와 '믿음의 함축'을 중요하게 여기는 근거나 파급 효과를 강조하며 '반성적 사고'라는 용어로 사용하였다.

존 듀이의 개념을 발전시킨 에드워드 글레이저는 비판적 사고에 대하여 자기 경험 범위 내에 있는 문제들과 주제들을 면밀하게 따져 보며 증거를 통해 지식을 검토하는 과정이며 논리적 탐구와 추론의 방법에 관한 지식이라고 설명하며 비판적 사고를 위해서는 증거나 파급 효과에 비추어 믿음이나 지식을 검토하는 끈질긴 노력이 필요하다고 하였다. 글레이저의 비판적 사고 정의 중 '면밀하게 따져 본다'는 '성향'을 의미하고 있으며 '논리적 탐구와 추론의 방법'은 '기술'로 적용해 볼 수 있다. 즉, 비판적 사고에 대하여 한 개인의 경험 범위 내에서 주어진 문제나 주제를 신중하게 생각하고 평가하려는 태도, 그런 문제와 관련하여 논리적으로 탐구하고 추리하는 방법에 대한 지식 그리고 그런 방법들을 구체적으로 적용하는 기술이라는 세 가지 범주로 구분한 것이다.

마이클 스크리븐은 비판적 사고란 관찰과 의사소통, 정보 그리고 논증에 대한 숙련되고 능동적인 해석이자 평가라고 하면서 비판적 사고를 '능동적 과정'으로 정의한다. 다른 학자들과 달리 비판적 사고의 정의에 '관찰'을 명시적으로 포함하고 있다. 이에 대해 비판적 사고 분야의 대표적 이론가인 알렉 피셔(Alec Fisher)는 그의 저서에서, 우리가 보거나 듣는 것에 대해서 때때로 해석과 평가가 필요하고 여기에도 비판적 사고 기술이 사용될 수 있는데 마이클 스크리븐의 '정보'라는 말은 '사실적 주장'이라는 의미로 쓰고 있으며 '의사소통'이란 '질문이나 명령 혹은 다른 언어적 발화, 신호 등을 포함하는 것'이고, '논증'이란 결론을 위한 이유에 해당한다고 볼 수 있다면서 결론적으로 마이클 스크리븐은 비판적 사고에 있어 '관찰'이 중요하다고 주장한 것이라고 설명했다.

근대의 비판적 사고를 체계적으로 개념화한 로버트 에니스는 비판적 사고에 대하여 '진술에 대한 올바른 평가'라고 하며 논리적 모형에 근거한 정의를 제시하였으나 일부 학자들에 의해 비판적 사고를 '진술에 대한 평가'로 한정했다는 지적을 받았다. 이후에는 비판적 사고란 '무엇을 믿고 무엇을 할 것인지를 결정하는 데 초점을 둔 성찰적이고 합리적인 반성적 사고'라고 말하였다. 그러나 여전히 평가의 대상을 언어적 자료에 한정하고 언어 외의 사건이나 현상, 인간의 신념과 행위 그리고 사회적 정책, 제도 등은 비판적 평가 대상에서 제외하였다.

에니스는 비판적 사고기능에 대하여 다음과 같이 12가지로 제시하였다.

- 진술의 의미 파악
- 추론 과정에서 모호함이 있는지 판단
- 어떤 진술들이 서로 모순되는지 판단

- 결론이 필연적으로 도출되는지 판단
- 진술이 충분히 구체적인지 판단
- 진술이 어떤 원리를 실제로 적용한 것인지 판단
- 관찰 진술이 신뢰할 만한지 판단
- 귀납적 결론이 개연성이 있는지 판단
- 문제가 정확히 무엇인지 판단
- 어떤 것이 전제인지 판단
- 정의가 무엇인지 판단
- 권위 있다고 생각된 것에 의한 진술이 받아들일 만한지 판단

이처럼 논쟁 기술이나 이성적 사고 기술을 비판적 사고의 중요한 요인으로 제시한 로버트 에니스의 비판적 사고는 사고의 과정이 아니라 그 결과물에 초점을 맞춘 것이다. 다시 말해서, 비판적 사고를 한다고 생각되는 사람이 어떻게 해서 그런 사고를 하게 되었는지를 보는 것이 아니라 그 사고의 결과물인 진술들을 평가하는 데에 초점을 맞추고 있다. 이러한 비판적 사고 기능은 거의 논리학이나 비판적 사고 수업에서 가르쳐지는 내용으로 우리는 이러한 교육적 측면에서 언급하는 진술 평가를 벗어난 상황에서 비판적인 사고를 필요로 할 때도 많다. 가령 어떤 사회적 정책에 대한 지지 여부를 결정할 때처럼 비판적 사고를 필요로 하는 일상적인 진술 평가 활동에서도 에니스의 비판적 사고기능을 활용할 수 있는지에 대한 것을 살펴볼 필요가 있다.

이러한 에니스의 비판적 사고 개념을 보완한 맥팩(McPeck)은 비판적 사고를 '반성적 회의를 가지고 어떤 활동에 관여하는 성향과 기능'으로 정의하였다. 특정 학문영역에 따라 독특한 비판적 사고가 존재한다고 보았고, 따라서 각 학문영역의 내용에 관한 철저한 지식이나 이해 그리고 전제의 신뢰성에 대한 타당성 있는 논점, 지식의 적용 방법에 대한 통찰 혹은 전문용어의 적절한 사용 등에 대한 인식론이 필요하다고 하였다. 예를 들어, 핵물리학에 대한 지식이 없으면

그 분야의 비판적 사고자가 될 수 없고 그런 의미에서 그에게 비판적 사고의 과정은 귀납적이며 우리가 평소 당연시하던 것들에 대하여 회의적 태도로 문제를 인식해야 함을 의미하는 인식론적 토대의 개념이라고 볼 수 있다. 즉, 맥펙에게 비판적 사고는 인간의 정신적 노력이 있어야 하는 문제와 활동으로 확대하였고, 비판적 사고를 사고기능과 사고 성향의 결합체로 규정한 것이다. 그러나 비판적 사고의 대상을 타인의 문제와 활동으로 한정하여 자신의 문제와 활동에 대한 반성과 평가를 간과하였다는 아쉬움이 있다.

지금까지는 철학적 관점에서 바라본 정의에 대하여 알아보았다. 철학적 접근의 비판적 사고는 사회적 요구나 현실적인 문제해결에 어떻게 이바지하는가에 초점이 맞추어져 있다.

반면, 심리학자인 다이앤 할펀(Diane Halpern)은 비판적 사고란 올바른 결과의 확률을 증가시키는 인지 기술 혹은 전략의 사용이라고 하면서 비판적 사고자는 특정 맥락과 사고 과제 유형에 효과적이고 사려 깊은 기술을 사용하고 이러한 비판적 사고는 사고 과정의 평가, 의사결정에서 고려한 요인으로 결론에 이르는 이유를 포함한다고 보았다. 또한 비판적 사고는 원하는 결과에 초점을 두게 되므로 때로는 안내된 사고라고 불린다고 정의하였다. 이렇듯 심리학적 측면의 비판적 사고는 특질, 유형, 사고 과정 자체를 이해하는 데 초점을 맞추면서 문제해결 능력, 의사결정 능력, 혹은 창의성과 같은 사고 능력들을 인지심리학의 차원에서 다루고자 하였다. 사람들의 '생각하는 과정'은 눈으로 관찰되는 것이 아니기 때문에 심리학자들은 그러한 생각의 산물인 행동에 초점을 맞추는 경향이 있다.

현대에 와서는 비판적 사고를 사고 능력이나 기술이 아니라 사회적 의미나 사회적 참여의 차원에서 논의하는 견해가 나타났다.

교육 철학자 리처드 폴(Richard Paul)은 비판적 사고란 믿음과 행동의 지침으로서 관찰, 경험, 반성, 추론 또는 의사소통에서 수집되거나 생성된 정보를 적극적이고 능숙하게 개념화, 적용, 분석, 종합 또는 평가하는 지적으로 훈련되는 과정이라고 정의하였다. 또한 '사고의 완벽함'이라는 맥락에서 비판적 사고를 논의하며 비판적 사고에 대하여 '주제나 내용에 상관없이 사고에 내재해 있는 구조를 파악하고 그 구조에 지적 기준을 부과함으로써 자신의 사고 수준이 향상되도록 사고를 하는 사고방식'이라고 설명하였다. 다시 말해, '자기의 생각에 대해 다시 생각하는 것.'이라고 하겠다. 그는 또한 비판적 사고를 소극적 의미와 적극적 의미의 비판적 사고로 구분하는데 '주어진 진술을 평가하는 능력'으로서의 소극적 의미뿐만 아니라 '자기중심적 사고에서 벗어나 공정하며 도덕적으로 판단하고 행동하는 능력과 성향'이라는 적극적 의미를 포함했다. 이러한 정의는 비판적 사고의 기술적 측면뿐 아니라 도덕성이나 겸손 그리고 다른 사람의 세계관이나 타 문화권에 대한 이해와 같은 정서적 요소도 포함하고 있음을 알 수 있다.

리처드 폴은 비판적 사고에 대한 정의에서 말했듯, 비판적 사고의 발달 단계를 통한 지적 수준을 다음과 같이 제시하며 비판적 사고 능력과 성향은 살아가는 동안 끊임없이 노력해야 함을 강조하였다.

- **1단계. 무반성적 사고자**: 비판하는 능력이 모자란다.
- **2단계. 도전적인 사고자**: 가설, 추론, 관점의 필요성을 인지하나 낮은 수준의 사고 형태를 지닌다.
- **3단계. 초보적 사고자**
  자기의 생각 구조를 인식할 수 있으며, 명확성과 정확성 등 보다 높은 수준의 내적 표준을 개발한다.
- **4단계. 실천하는 사고자**
  자기의 생각을 더 잘 통제하기 위해 체계적인 계획을 개발하고 실천한다.
- **5단계. 숙달된 사고자**
  새로운 사고 습관을 획득할 때 필요한 지적 통찰, 자기 삶에서 불일치와 모순을 인식하고 지적 공감력과 지적 용기를 가진다.

- 6단계. 최고 사고자
  자신이 세운 가설에 약점이나 논리적 오류 및 편견이 있는지를 항상 검토한다.

때로는 비판적 사고를 '비판적-창의적 사고'라고 말하기도 한다. '비판적 사고'라는 말은 마치 다른 사람의 논증이나 생각을 비판하는 부정적 의미로 들릴 수도 있다. 그러나 다른 사람의 논증이나 생각을 비판하는 것이 아니라 제대로 평가하기 위해서는 여러 다른 가능성이나 방안을 생각해 낼 수 있을 정도로 상상력을 동원해야 한다. 창의적 사고는 새로운 것을 창출하는 기능과 관련되어 있고 비판적 사고는 추리, 분석 그리고 평가하는 기능과 관련되어 있다. 그러므로 창의적 사고는 비판적 사고와 함께 문제 대응 과정에서 요구되는 가장 핵심적인 사고의 영역이라는 점에서 '비판적 사고'를 '비판적-창의적 사고'라고 부를 수 있는 이유이다.

이렇듯 비판적 사고 정의에 대해서는 철학자, 심리학자, 교육자 등 학자들 간 조금씩 다르게 자의적 판단으로 정의하고 있으나 최근 대다수 연구자는 미국 철학협회의 연구에서 제시한 개념을 소개하고 있다.

1980년대에 이르러 '비판적 사고'라는 용어가 쓰이며 생산적인 비판적 사고 개발 교육이 본격화되면서 대학 교양 교육의 핵심으로 자리 잡게 되었는데 1990년에는 미국 철학 협회(American Philosophical Association) 요구에 의해 46명의 비판적 사고 전문가들이 작성한 델파이 보고서(Delphi report)가 발표되었다. 연구자 구성은 철학자(52%), 교육학자(22%), 사회과학자(20%), 자연과학자(6%) 등 여러 분야의 전문가로 이루어졌으며 베이어(Beyer), 에니스(Ennis), 파커(Parker), 립맨(Lipman)과 같은 '비판적 사고'의 권위자들이 공적 합의를 거쳐 검증 후 여러 단계를 거쳐 비판적 사고인지 기술의 정의 및 분류, 비판적 사고의 성향 차원과 가능한 규범적 의미, 비판적 사고교육 및 평가에 관한 권장 사항 등의 내용에 논의, 검토, 합의하여 개념화하였다. 이 연구는 비판적 사고의 내용이 대중에게 공개되었다는 것에 의미가 있다.

이 연구의 델파이 보고서(Delphi report)에 따르면 비판적 사고란 개인이 상황이나 맥락에 따라 의도를 가지고 판단하는 행위로써 판단의 근거가 되는 증거와 개념, 방법론, 상황맥락을 이해하고 이를 해석, 분석, 평가, 추론, 설명하려는 의도적이고 자기규제적인 판단이다. 그러나 이러한 형식 논리 중심 비판적 사고는 많은 한계를 지닌다. 상황과 맥락은 문화적, 정치적, 사회적, 정서적, 역사적 차원에 따라 매우 복잡하고 가변적이기 때문이다. 그리고 이상적인 비판적 사상가에 대하여 천성적으로 호기심이 많고 개방적이며 유연하고 공정한 마음을 갖고 박식해지고자 하는 욕구가 있으며 다양한 이해력을 가진 사람이라고 묘사하였다.

비판적 사고 개념은 철학과 심리학, 사회학 등의 학문영역에 따라 다르게 개념화되어 왔다. 철학적 의미로는 '비판적 사고(critical thinking)'라는 용어를 선호하며 수행되어야 할 사고 기술이나 행위의 차원보다는 비판적으로 사고하는 사람들이 가지고 있어야 할 규범적이고 이상적인 속성을 강조한다. 즉, 비판적 사고란 무엇을 믿고 행해야 할지를 결정하는 데 초점을 두는 이성적이고 반성적 사고라는 개념이다. 반면에 심리학적 측면에서의 비판적 사고는 탐구적인 사고, 회의적 사고, 합리적인 사고, 논리적 사고, 공정한 사고 등 다양한 의미를 지니고 있으며 이러한 의미의 다양성은 비판적 사고가 지식과 정보를 논리적으로 분석 및 평가하는 사고의 기술(thinking skill) 차원과 문제해결의 절차를 강조하는 태도의 차원을 내포한 개념이다.

이렇듯 많은 학자에 의해 다양하게 제시되고 있는 정의 중 기본적으로 일치하는 점은 비판적 사고를 타인의 주장이나 행위의 약점을 궤변적으로 들추어내거나 자기중심적으로 타인의 주장을 일방적으로 공격하는 맹목적 비판, 즉 '비판하는 사고'를 의미하지 않는다는 것이다. '비판적 사고' 개념 속에는 비판적 사고가 균형 잡힌 진리 탐구와 자율 및 자기 통찰을 이루는 데 사용될 것이라는 합리적 사고력의 개념이 포함되어 있다고 할 수 있다.

그리고 '비판적 사고란 자기 경험 범위 내에 있는 문제들과 주제들을 면밀하게 따져 보며 증거를 통해 지식을 검토하는 과정이며 논리적 탐구와 추론의 방법에 관한 지식'이라고 한 에드워드 글레이저의 정의에서도 보듯, 비판적 사고는 단순히 기술에 그치는 것이 아니라 그 기술을 실제로 사용하려는 성향이나 태도 또한 가져야 한다. 만약 우리에게 비판적 사고의 성향만 있다면 어떤 조건에 놓일 때 자연스럽게 어떤 사고, 판단, 행동 등 항상 비판적 성향을 보이게 될 것이고 반면에 비판적 사고의 기술만 있는 사람은 비판적인 사고를 함에 있어 자신이 유리할 때만 하고 불리할 때는 그런 행동을 하지 않을 것이기 때문이다. 따라서 비판적 사고를 위해서는 어떠한 사람이든 어느 상황이든 모두 받아들일 수 있는 열린 태도와 비판적 사고를 하는 기술 모두 필요한 조건이라 하겠다.

결론적으로 비판적 사고는 어떤 주장을 문제로 여기고, 그것에 대해 여러 가지 질문과 그 질문에 대한 합당한 답변 혹은 좋은 방안을 얻기 위해 합리적으로 추리하는 사고이다. 즉, 비판적 사고는 옳고 그름을 판단하기도 하지만 자신의 판단과 신념을 확인하고 주어진 쟁점에 대해 바람직한 판단, 결정 혹은 수정을 유도할 수 있는 역량이다. 사회학적 관점에서의 비판적 사고 개념은 민주시민으로서의 유용한 사고력과 삶의 방식을 내포하고 있다. 오늘날의 정보사회에서는 탐구력, 비판적 사고력, 창의적 사고력, 의사 결정력, 메타인지와 같은 고등 사고력이 강조되면서, 유능하고 책임 있는 민주 시민에게는 쏟아지는 정보의 홍수 속에서 무엇이 사실이며 무엇이 올바른 것인지를 올바르게 선별하는 비판적 사고력이 중요하다고 바라본다. 나아가 비판적 사고는 민주주의 사회에서 필연적으로 요구되는 삶의 윤리이다.

비판적 사고의 구성요소

비판적 사고 분야의 권위자인 리처드 폴은 사고 능력으로서의 비판적 사고 요소로 목적, 현안, 개념, 가정, 정보, 결론, 관점, 귀결 등 8가지를 제시하였고, 노시치(Nos ich)는 여기에 맥락과 대안 두 가지 요소를 추가하였다.

우리는 일반적으로 머릿속에 떠오르는 대로 생각한다. 그러나 '비판적 사고'는 어떤 문제에 대하여 왜 생각하는지를 제시할 수 있어야 한다. 아무런 목적 없이 생각하는 것은 비판적 사고가 될 수 없기 때문이다. 그리고 생각하는 내용과 밀접하게 관련된 혹은 중심이 되는 이슈가 무엇인지를 파악한다. 만약 상대를 설득하여 자신의 주장을 입증하려는 목적으로 쓴 글에는 그 주제의 현안에 대한 해결책도 함께 제시하는 경우가 많기에 제시된 해결책에 대한 다양한 질문으로 주장하는 이슈가 무엇인지 알 수 있을 것이다.

사고에는 어떤 개념이 있기 마련이다. 그리고 자신이 사용하는 개념에 대해서는 관련분야에 대한 충분한 지식과 이해를 바탕으로 해야 한다. 분명하지 못한 개념이나 개념에 대한 혼란이 있다면 명료하지 못한 생각으로 인하여 잘못된 주장을 할 수 있기 때문이다. 반대로 글을 읽거나 상대 의견에 비판적 사고로 접근할 때는 글에서 사용한 말의 의미나 상대의 말 의미를 자신이 제대로 파악하고 있는지 잘 살펴야 한다. 현안에 담긴 하나의 개념을 서로 다르게 이해한다면 서로 다른 주장을 하게 되는 경우가 생기는 것이다.

비판적 사고를 할 때는 해당 현안이나 이슈와 관련된 자료나 증거, 관찰 등 경험과 관련된 정보가 있게 마련이다. 그리고 그 정보를 여과 없이 무조건 받아들이는 것이 아니라 그 정보에 대한 해석이나 그 정보가 함축하고 있는 것은 무엇인지 구별할 줄 알아야 한다.

비판적 사고의 핵심 기술은 추론을 통해 얻은 결론이다. 추론은 정보를 이해하고 이를 토대로 다른 생각을 도출하는 논리적 사고 과정이다. 좋은 추론이 되려면 추론의 전제가 되는 정보가 진실한 것이어야 한다. 또한 중요한 것은 자신의 관점을 정확하게 파악하고 상대방의 의견에 있어 나와 관점의 차이가 없는지 확인해 보아야 하는 것이다. 우리는 무의식적으로 정해진 틀에 갇힌 편향성을 가질 수 있기에 같은 문제를 다른 관점에서 생각해 보는 폭넓은 사고의 가능성이 필요하다.

"이슈와 결론은 무엇인가?" "이유는 무엇인가?" "어떤 단어나 어구가 애매한가?" "가치 가정과 기술적 가정은 무엇인가?" 이런 질문을 던지면 논증에서의 강점과 약점이 어디에 있는지 파악하는 감각을 얻을 수 있고 의견을 주장하는 사람의 추론을 분명히 이해할 수 있으며 이런 추론으로부터 결론이 도출된다.

결론은 그것을 뒷받침하는 다른 생각을 해야 하는 생각이다. 상대가 '이것은 진실이다.'라고 주장하면서도 이 주장을 믿어야 하는 토대를 제시하지 않았을 때는 결론이라 할 수 없다. 뒷받침되지 않은 주장은 단순한 의견에 불가할 뿐이다.

추론에서 이끌어진 결론이 도출되었다면 더 나아가 함축과 귀결을 찾을 수 있어야 한다.

함축이란 글이나 주장 속에 명시적으로 나타나지 않은 암시적 혹은 우회적 표현을 의미하는 것이고 귀결이란 어떤 주장을 담고 있는 내용으로써 우리는 표면적으로 드러난 내용만이 아닌 함축된 의미까지 이해할 수 있는 것이다.

비판적 사고를 할 때 이러한 요소들은 서로 결합하여 복합적으로 나타나거나 특정 요소가 없을 때도 있다. 예를 들어, 새로운 정보는 많고 결론이 없는 경우, 개념이 확실히 드러나지 않는 경우 등이 있다. 그래서 모든 글이나 주장에 대하여 비판적 사고로 접근할 때 10가지 구성요소 전부를 탐색하거나 생각하기에는 어려움이 따른다. 다만 비판적으로 사고하는 기술이 어렵거나 비판적 사고를 훈련하고자 하는 사람들은 10가지 구성요소에 근거하여 생각하는 것이 도움이 될 수 있을 것이다.

다시 정리해 보면 비판적 사고 10가지 요소는 목적(purpose), 현안(question at issue), 개념(concept), 가정(assumption), 정보(information), 추론(inference)으로 얻어진 결론(conclusion), 관점(point of view), 주장이 함축(implication)하는 귀결(consequence) 그리고 맥락(context)과 대안(alternative)이고, 이는 비판적으로 필자나 화자의 내용을 파악하는 데 도움이 되는 일련의 과정이다.

비판적 사고의 구성요소 8가지에 근거한 사고 계획 질문

구성요소	질문
목적	무엇을 달성하려고 하는가?
	주요 목적은 무엇인가?
질문	어떤 문제가 제기되는가?
	어떤 문제를 언급하는가?
	문제에 있는 복합성을 고려하는가?
개념	주요 아이디어는 무엇인가?
	아이디어를 설명할 수 있는가?
가정	무엇을 당연시하는가?
	어떤 가정으로 결론에 이르는가?
정보	결론에 도달하기 위해 어떤 정보를 사용하는가?
	주장을 지원하기 위해 어떤 경험이 있는가?
	문제해결을 위해 어떤 정보가 필요한가?
추론	어떻게 결론에 도달하는가?
	정보를 해석하는 다른 방법이 있는가?
함의 · 결론	다른 사람이 입장을 수락한다면 함의는 무엇인가?
	무엇을 암시하는가?
관점	어떤 관점으로 문제를 보는가?
	고려하고 있는 다른 관점이 있는가?

출처: 유순근(2018). 논리와 오류: 비판적 사고와 논증, p. 31 〈표 1-1〉 재인용.

2. 비판적 사고 개발 태도

1) 비판적 사고 개발의 필요성

비판적 사고는 소크라테스(Socrates), 플라톤(Platon), 아리스토텔레스(Aristoteles) 등의 희랍 철학에서부터 이어지는 논리와 합리성을 중시하는 서양 철학의 전통 속에서 철학자들과 지식인들이 그 중요성을 강조해 왔다. 철학자 플라톤은 비판적 사고는 우리가 문제를 해결하는 데 도움을 주는 도구이며 우리 자신이 문제해결에 대한 해답을 이미 갖고 있기에 문제해결을 위하여 더 많은 경험을 쌓는 것보다 논리적으로 생각하고 결론을 내리면 된다고 주장하였다. 반면에 실용주의 철학자 존 듀이는 학습자의 지식, 기술 및 태도를 형성하는 데 있어 경험의 중요성을 강조하기도 하였다.

오늘날 정보화 시대에서 중요한 것은 무차별적 정보 획득이 아니라 홍수처럼 넘쳐나는 정보 중에서 자신에게 필요한 올바른 정보를 선택하여 판단하는 일이며 특정 정보들의 맥락을 파악해 재구성하는 것이다. 따라서 생각이나 논증을 이해하고 분석하며 평가하는 능력인 비판적 사고의 중요성이 부각되고 있다. 이러한 이유로 비판적 사고가 21세기의 핵심역량 가운데 하나로 꼽히기도 하였다. 2002년 미국 교육계와 산업계 그리고 정책 입안자 등이 참여해 발족시킨 P21(The Partnership for 21st Century Skills)에서는 Creativity, Critical, thinking, Communication, Collaboration을 의미하는 4C를 포함한 21세기 학습 프레임워크를 발표하였고 2020년 세계경제포럼에서는 '비판적 사고'를 핵심 스킬로 언급하였다.

교육 철학자이자 '비판적 사고 연구소'의 전문성 개발 책임자인 리처드 폴은 교육적 측면에서 비판적 사고 개발 필요성을 주장하였다. 그는 우리의 일상생활 속 의사소통에서는 굳이 훌륭한 대화를 위한 복잡한 기술을 교육받을 필요는 없으나 '읽기, 쓰기, 말하기, 듣기'와 같은 네 가지 의사소통 양식은 비판적 사고가 필요한 교육의 목표라고 밝혔다.

- 비판적 사고는 전체적으로 생각하는 기술이다. 합리적으로 생각하고 문제를 체계적으로 해결하는 능력이 중요한 교육, 금융, 경영, 법률 등 분야에서도 비판적 사고 기술은 매우 중요하다.
- 비판적 사고는 언어능력과 표현 기술 향상에 도움을 준다. 비판적 사고는 언어의 명확성을 위해 노력할 뿐만 아니라 사고의 명확성을 최대로 추구하기 때문이다.
- 자기반성에 중요하다. '반성하지 않는 삶은 살 가치가 없다'라는 소크라테스의 말처럼 의미 있는 삶을 살고 그에 따라 삶을 구조화하기 위해서는 가치와 결정을 정당화하고 삶에 반영한다. 또한 자기평가 과정을 위한 도구가 되기도 한다.
- 비판적 사고는 논리와 논리적 오류를 포함하게 되는데 논리적 오류는 사고를 조작하여 생각을 잘못된 쪽으로 이끄는 거짓 추론이다. 그러나 비판적 사고자는 자신이 알고 있는 결과를 추론할 수 있으며 문제를 해결하기 위해 정보를 활용하고 관련된 정보 출처를 찾는 법을 알기에 논리적 오류가 적다.
- 비판적 사고는 창의력을 활성화한다. 창의력은 문제해결에 필요한 새로운 아이디어를 창안하는 능력인데 비판적 사고는 이런 새로운 아이디어를 평가하고 최상의 아이디어를 선택하거나 수정하는 데 중요한 역할을 한다.

2) 비판적 사고를 기르기 위한 태도

비판적 사고는 필요 불가결한 탐구의 도구이다. 미국 철학협회의 델파이 보고서에 의하면 이상적인 비판적 사고자는 매사에 호기심을 가지고 해박한 지식을 습득하고, 유연하고 공정하며 근거를 중요시하고, 평가에 있어 열린 마음으로 대하고, 현안 문제에 대하여 명료하고 복잡한 문제를 다루는 데 있어서 체계적이다. 그리고 표준을 정하는 데 있어 합리적이고 집중하여 탐구하며 관련된 정보를 열심히 찾아 주제와 탐구의 상황이 허락하는 내에서 정확한 결과를 추구한다고 설명하였다. 델파이 보고서에서 밝힌 좋은 비판적 사고 태도에 대한 구체적 요인으로는 다양한 이슈에 관한 탐색, 많은 정보를 얻고 유지하려는 관심, 합리적인 탐구 과정에 대한 믿음, 자신의 추론 능력에 대한 자신감, 다양한 세계관에 대한 열린 마음, 대안과 의견을 고려하는 유연성, 다른 사람의 의견을 이해하고, 추론을 평가하는 공정한 마음을 가지며 자기 자신의 편견, 고정관념, 자기중심적 혹은 사회 중심적인 경향에 솔직하게 맞서는 태도와 판단을 유보하거나 결정하거나 변경하는 데 있어서의 신중함 등 총 19가지를 제시하였다.

이렇듯 훌륭한 비판적 사고자가 되기 위해서는 끊임없는 노력과 훈련이 그리고 주체적 태도가 필요해 보인다. 주체적 태도를 갖춘다는 것은 다른 사람들의 말이나 생각에 휘둘리지 않고 스스로 생각하는 힘이 필요하면서 자기의 생각을 맹신하거나 자신의 주장을 근거 없이 우기지 않아야 하는 것이다.

리처드 폴은 비판적 사고를 이루는 태도를 '열정'이라고 하면서 세부적 열정 태도로 명료성, 정확성과 공정성에 대한 열정, 사물의 바닥까지 도달하려는 열의, 증거를 찾아내고자 하는 욕구, 진리에 대한 헌신적 태도 그리고 모순이나 비체계적인 사고 또는 일관성 없는 기준의 적용에 대한 강한 혐오를 마지막으로 자신의 굳건한 신념을 버리는 데 따르는 두려움 극복 의지와 같은 특성을 포함하였다. 또한 교육적 측면으로 의사소통의 읽기, 쓰기, 말하기 및 듣기 영역에서 비판적 사고가 필요하다고 한 리처드 폴은 한 예시로 우리가 읽고자 하는 책을 제대로 이해하며 읽는다는 것은 다음과 같은 질문을 제기하며 텍스트를 이해하려고 노력하는 것이라고 설명하였다.

〈리처드 폴이 제시한 비판적인 독자가 가져야 하는 질문 유형〉

- 책의 목적은 무엇인가?
- 저자는 무엇을 성취하려고 하는가?
- 어떤 이슈나 문제가 제기되는가?
- 어떤 데이터, 어떤 경험, 어떤 증거가 제공되는가?
- 이 데이터, 이러한 경험을 구성하는 데 어떤 개념이 사용되는가?
- 저자는 세상에 대해 어떻게 생각하고 있는가?
- 우리의 관점에서 볼 때 저자의 생각은 정당한가?
- 그렇다면 저자는 자신의 관점에서 그것을 어떻게 정당화하고 있는가?
- 저자가 말하는 내용을 이해하기 위해 어떻게 저자의 관점에 들어갈 수 있을까?

비판적 사고는 이성, 논리성, 합리성, 객관성 등만 중요시하고 감성, 감정, 정서 등은 무시한다는 비판을 받기도 한다. 이러한 비판은 추론의 기술만으로 이루어진 비판적 사고에 대한 것으로 분석적, 논리적 사고만 강조된 경우를 말한다. 그러나 아무리 지식이 많고 추론 능력이 뛰어나더라도 비판적 사고 성향을 가지고 있지 않다면 그 능력은 발휘되기 어려울 수도 있다. 따라서 비판적 사고 능력은 텍스트 혹은 타인의 주장을 이해하고 평가하는 능력이며 이 능력을 발휘하기 위해서는 올바른 이성을 위한 내적 조건을 갖추는 것이 필요하다.

비판적 사고 개발을 위한 태도로 다음과 같이 요약해 볼 수 있다.

- 반성적 사고(reflective thinking) 성향을 갖춘다.

  반성적 사고는 우리가 자신의 생각과 행동 및 경험을 비판적으로 사고하는 것을 의미한다. 신중하고 집중해서, 깊고 넓고 멀리 성찰하려는 노력이 필요하다.

- 창의적인 생각을 하려고 노력한다.
  리처드 폴은 비판성이 없는 창의성은 그저 신기함뿐이고, 창의성이 없는 비판성은 단순한 부정성일 뿐이라고 하면서 비판적 사고와 창의적 사고는 밀접하게 관련되어 있다고 하였다.

- 지적 호기심을 가지고 끊임없이 질문한다.
  호기심 자체로 비판적 사고가 길러지는 것이 아니다. 지식과 이해 그리고 통찰력으로 이어질 수 있는 지적 호기심이 우리의 생각을 더 깊고 예리하게 해 주고 마음을 넓히는 데 도움을 준다.

- 어떤 현상이나 주장에 대하여 문제의식을 느끼되 대안 없는 비판은 하지 않도록 한다.
  비판적인 사고를 위해서 가장 먼저 필요한 것은 바로 문제의식이다. 우리가 처한 상황이나 현상에 대한 문제의식을 느낄 때 주변에서 발생하는 사소한 것에서도 정보를 수집하고 새로운 아이디어를 끊임없이 생산해 낼 수 있다. 그렇지만 비판적 사고란 타인의 잘못을 비판하는 데에 급급한 것이 아니라 타인의 장점을 칭찬할 수도 있으며 더 나아가 자기 자신의 장단점을 냉철하게 판단할 수 있게 하는 사고이다. 따라서 문제의식 하나만 가지고 비판을 위한 비판이 되지 않도록 주의한다.

- 고정관념을 버린다.
  마음에 굳게 잡힌 생각이나 관념이 있다면 사고의 폭을 넓힐 수 없다. 지각의 폭을 넓히는 일은 정보에 대한 개방성은 가지되 편견은 갖지 않는 것으로 고정관념을 타파하는 일이 중요하다.

- 진리와 정의를 추구한다.
  비판적 사고는 옳고 그름을 판단하기 위한 사고이기에 진리와 정의를 추구하려는 태도는 매우 중요하다. 그러나 이러한 진위를 가리고자 하는 판단에 대한 필요성을 느끼지 못하거나 흥미가 없다면 비판적 사고가 이루어질 수 없다.

- 정확한 정보를 얻기 위한 노력을 한다. 비판적으로 사고하는 사람은 배우고 탐구하며 성장하는 것을 멈추지 않아야 한다.

- 자신이 갖는 믿음 혹은 관점에 대하여 열린 마음으로 생각한다.
  열린 마음은 자기의 잘못이나 실수 가능성을 인정하는 데서 출발한다. 자신이 믿고자 하는 것에 확신을 가져야 하지만 '내가 틀렸다면?'이라는 질문을 던질 수 있는 유연성과 다른 사람의 비판도 수용할 수 있어야 한다. 우리는 누구나 자신의 관점에 사로잡히기 쉬운데 이를 버리지 못하고 강경한 태도를 고수한다면 이것은 비판적 사고가 아니라 자신의 편견으로 타인을 매도하는 부당한 폭력이 될 수 있다.

- 급하지 않게 천천히, 그러나 정확하고 체계적으로 생각한다.
  천천히 체계적으로 생각한다는 것은 합리적으로 다른 사람들이 말하는 것을 흡수하고 평가할 수 있으며 자신이 결정한 결론의 오류를 줄이는 방법이다. 그러기 위해서는 자신에게 "내가 왜 지금 생각하는 것을 생각하고 있는가?"라고 묻는 습관이 필요하다.

결론적으로 비판적 사고를 개발하기 위해서는 지적 호기심, 객관성, 개방성, 융통성, 체계성, 지속성, 결단성, 다른 관점에 대한 존중과 같은 합리적인 태도가 요구된다. 더불어 비판적 사고의 기본기를 갖추어야 한다.

비판적 사고 기술을 가지고 있더라도 이를 적극적으로 활용하지 못하면 좋은 비판적 사고자라고 할 수 없다. 또한 비판적 사고 개발에 능숙해지기 위해서는 다양한 상황에서 비판적 사고 기술을 효과적으로 사용하는 방법을 배우는 것이 필요하다.

이러한 '비판적 사고'로 평가하고 판단하는 과정에는 여러 장애 요소가 생기는데 이것을 지혜롭게 받아들이거나 극복해야 한다.

첫째, 대부분 사람은 자신의 믿음에 대해 비판적 질문을 받는 것에 익숙하지 않다. 따라서 조심히 대화하지 않으면 상대방을 불편하게 만들어 관계를 안 좋게 할 수도 있다.

둘째, 사회적 고정관념은 비판적 사고를 방해한다. 고정관념으로 인해 정보를 무시하고 다른 사람들이 말하는 것을 신중하게 고려하지 못하게 한다. 예를 들어, '비만한 사람들은 게으르다'라는 고정관념이 있고 우리가 이것을 믿는다면 그들의 아이디어를 열린 마음으로 받아들이지 못하게 되고 그들과 참여하는 논쟁에서도 편향적일 수 있기 때문이다.

셋째, 우리의 정신적 습관인 '인지 편향(cognitive biases)'에 치우치지 않도록 해야 한다. 대표적으로 후광효과를 들 수 있다. 후광효과란 어떤 사람의 긍정적이거나 부정적인 특성을 그 사람의 다른 모든 것과 연관하여 인지하는 경향을 의미한다. 특히 부정적 이미지의 대상에 있어서는 상대가 무슨 말을 할지 들어보지 않고 상대에 대한 평가를 성급하게 내리게 된다. 이러한 편향성은 명확한 비판적 사고를 갖는 것에 장애 요소가 되는 것이다.

3) 비판적 사고교육

비판적 사고의 역사는 철학 정신이나 철학 이론이 비판적 사고에 의존하여 발전한 만큼 철학사와 맥을 같이한다고 볼 수 있다. 이후 1910년부터 1939년에 이르러서는 듀이에 의한 비판적 사고교육이 알려지게 되었다. 그 뒤를 이어 글레이저(Glazer), 러셀(Russell), 스미스(Smith), 테니스(Tennis), 앨런(Allen), 롯(Lot), 덴젤로(Denzelo), 맥펙(McPeck), 시겔(Siegel), 폴(Paul), 다우어(Dower) 등에 의해 비판적 사고는 핵심적인 교육 프로그램으로 자리 잡게 되었다.

21세기에 접어들어 첨단 과학기술 발달과 AI(인공지능)를 비롯한 산업기술의 발달은 노동환경과 구조에 변화를 가져왔고 우리의 일상생활을 급속도로 변화시키고 있다. 이러한 급속한 변화는 여러 분야에서 인간의 사고와 표현에 대한 다양한 능력을 요구하고 있으며 특히 교육 분야의 대혁신을 요구하고 있다. 인터넷 이용 등의 디지털 환경에서는 정확하지 않거나 허위로 된 수많은 정보를 주고받게 되므로 얻어 낸 정보 중 올바른 지식을 선택할 수 있는 능력 혹은 습득한 정보를 비판적으로 분석하고 평가하며 필터링하는 능력이 중요시된다. 이런 능력을 갖추기 위해서는 정보와 지식을 관점과 문맥에 맞추어 올바르게 여과시킬 수 있는 '비판적 사고'가 필요한 것이다.

비판적 사고는 창의성과 함께 세계 각국의 교육 당국과 국제적인 교육 연구기관에 의해 미래사회의 핵심역량으로 제시되어 미래인재 양성을 위한 다양한 방법이 논의되고 있으며 비판적 사고의 개발은 21세기 역량, 미래역량이라는 이름으로 우리나라 교육혁신 논의에서도 중요하게 다루어져 온 주제이다.

교육의 내용과 성과에 있어서 지식 중심에서 역량 중심으로 전환된 이후 학교교육을 통한 학생의 비판적 사고 개발 및 강화는 우리나라를 포함 전 세계적으로 중요한 교육목표로 여겨져 오고 있다.

교육적 측면에서의 비판적 사고는 추상적인 지식 중심의 교육에서 벗어나 합리적이고 적절한 판단을 내릴 수 있는 능력을 강조하고 있다. 지식은 비판적 사고를 통해 의미 있게 활용될 수 있다. 또한 비판적 사고는 지능과 같은 것이 아니라 이는 모든 사람이 증진시킬 수 있는 하나의 기능으로 이는 성숙하면서 반드시 발달하는 것이 아니기 때문에 모든 연령 대상으로 가르쳐야 한다는 주장이다. 반면에, 비판적 사고 능력은 일반적 지적 능력과 같은 것이기 때문에 특별히 교육시킬 수도 없고 그럴 필요도 없다는 견해도 있다.

비판적 사고교육은 비판적 사고기법을 터득함과 동시에 유용한 통찰을 산출하며 이성적이고 민주적인 사회의 초석을 이루는 성향을 육성하는 것이기에 논리적 추론 훈련보다는 공동체 속에서의 대화를 중심으로 진행될 필요가 있다.

〈비판적 사고를 위한 질문〉

- 누가 왜 그런 주장을 했는가?
- 그는 누구인가?
- 그의 됨됨이와 정보는 믿을 만한가?
- 이슈가 될 만큼 중요한 주장인가?
- 그가 이런 주장을 하게 된 배경은 무엇인가?
- 어떤 가정 아래 이런 말을 했는가?
- 주장에서 가정의 어느 부분만 드러나는가?
- 숨겨진 부분은 없나?
- 주장의 목적이 무엇인가?
- 어떤 이유를 제시했나?
- 구체적 사례들로부터 어떤 것들을 제시했나?
- 주장에 반하는 예외적인 사례들은 없나?
- 사례들은 과연 주장을 합리적으로 타당성 있게 뒷받침하고 있나?
- 이 사람(단체)은 어떤 성향을 보이는가?
- 이들은 과거에 어떤 주장들을 해 왔는가?
- 누가/어느 단체가 다른 주장을 하고 있으며 그들의 주장은 무엇인가?
- 다른 사람들의 주장은 현실을 어떻게 가정하고 있는가?

- 가정에서는 포함되고 주장에서는 드러나지 않은 부분은 어떤 것인가?
- 주장에 대한 이유와 사례로서 어떤 것들을 제시했나, 과연 이들은 타당한가?
- 주장들의 공통점과 차이점은 어떤 것들이 있나?
- 주장들의 장단점은 무엇인가?
- 주장에 대해 가부를 결정한 후 사회에서는 어떤 현상이 일어나는가?
- 어느 사람들이 이 주제에 관심을 보이는가?
- 이들은 어느 주장에 대해 동의하거나 반대하는가?
- 정치적 · 경제적 · 사회적 · 법적 · 환경적 · 문화적 측면에서 주제가 지닌 파급력은 무엇인가?

– 출처: 교육을 바꾸는 사람들(https://21erick.org/column/12424) 발췌.

사례 연구

흉악범죄 혐의자의 사적 신상 공개는 국민의 알권리인가? 인권침해인가?

한 유튜브 채널 운영자가 2004년 경남 밀양에서 발생한 여자 중학생 집단 성폭행 가해자들의 신상을 잇따라 공개하며 '사적 제재' 논란이 재점화하고 있다. '정의'를 제대로 구현하지 못하고 있는 현행 형사사법체계를 비판하며 '사이다'라는 반응도 있었지만, 무차별적으로 이뤄지고 있는 사적 제재가 도리어 피해자의 고통을 가중하고, 뜻하지 않은 제3의 피해를 유발할 수도 있다는 우려도 나온다.

유튜브 채널 운영자는 밀양 집단 성폭력 사건 가해자들의 이름과 나이, 직업 등 신상 정보가 담긴 내용을 잇따라 공개하고 있다. 운영자는 밀양 사건 가해자 44명의 신상을 모두 공개하겠다며, 누리꾼들의 '제보'를 독려하기도 했다.

신상 공개 이후, 20년 전 사건이 재조명되며 온라인은 사회적 공분으로 들끓었다. 영상이 각각 100만~300만 건의 조회 수를 기록하면서, 첫 번째 가해자로 지목된 남성이 일하던 가게는 '별점 테러' 등으로 문을 닫았다. 또 다른 남성은 일하던 회사에서 해고되기도 했다. 3월 30일 개설된 이 채널의 구독자 수는 그 사이 45만 3천 명으로 불어났다.

밀양 사건 가해자들의 신상 공개에 대해 누리꾼들이 폭발적인 반응을 보인 것은, '가해자가 죗값에 합당한 처벌을 받지 않았다'는 현실에 분노한 데 따른 것으로 풀이된다. 밀양 사건 피해자의 경우, 1년간 이어진 집단 성폭행으로 신체적 · 정신적으로 큰 피해를 입었지만, 44명의 가해자들은 피해자 가족 일부와 합의를 했다는 이유 등으로 기소되지 않거나 보호관찰 처분을 받는 데 그쳐 전과 기록조차 남지 않았다. 한 누리꾼은 이 채널 커뮤니티에 올린 글에서 "대한민국 법이 정의가 있었다면 지금 이렇게 인민재판하는 세상이 되었을까"라며 "인민재판, 그게 저에겐 더 정의 같다"고 적기도 했다.

문제는 이런 사적 제재가 피해자의 의사와는 전혀 무관하게 이뤄지고 있다는 점이다. 피해자를 지원해 온 한국성폭력상담소는 "피해자 측은 나락 보관소가 '밀양 집단 성폭력 사건'에 대해 첫 영상을 게시하기 전까지 해당 사실을 전혀 모르고 있었다"며 "사전 동의를 질문 받은 바도 없다"고 밝혔다. 오히려 "해당 영상이 올라온 후인 3일 영상 삭제 요청을 했다"고도 했다.

전문가들은 이런 가해자 신상공개가 피해자에게 해가 될 수도 있다고 우려했다. 피해자의 의지와는 상관없이 고통스러운 기억을 되새기게 할 수 있고, 의도치 않은 2차 가해를 유발할 수 있다는 것이다. 전윤정 국회입법조사처 입법조사관은 "가해자 신상 공개는 가해자에게만 영향을 미치는 것이 아니라, 피해자 신상 노출로 이어질 수도 있다"며 "이것은 피해자에게 2차 피해를 유발할 수 있는 위험한 행위"라고 말했다.

출처: https://www.hani.co.kr/arti/society/women/1143813.html, 한겨레 오세진 기자.

1. 위 뉴스가 전하고자 하는 핵심은 무엇일까?

2. 사회적 이슈가 될 만큼 중요한 뉴스 주제인가?

3. 사적 제재에 대한 자신의 주장은 무엇인가? 그 이유는 무엇인가?

04 Chapter 비판적 사고 개발

Chapter 04 비판적 사고 개발

1. 비판적 사고 개발 방법

1) 비판적 사고를 잘하는 사람들의 특징

비판적 사고를 잘한다는 것은 단순히 생각을 많이 하거나, 비판을 잘하는 것을 의미하지 않는다. 자신의 고정관념을 검토하지 않으면서, 자신의 견해만을 고수하는 사람은 사고를 잘하는 사람이라고 결코 말할 수 없다. 비판적 사고란 객관적이고 합리적 사고를 통해, 보다 효과적으로 문제의 해결이나 결정을 돕는 것으로 자신의 사고를 검토하려는 의지와 지식을 습득하려는 자세를 통해 얻을 수 있다.

이러한 비판적 사고는 개발 가능한 것으로 충분한 연습을 통해 몸에 배게 된다. 비판적 사고 개선을 위해서는 먼저 자기중심적인 사고에서 벗어나야 한다. 또한, 문화와 양육과정에서 형성된 고정관념이 있음을 알아차리고, 상황의 전후 관계 속에서 더 나은 의사결정을 위해 사고 개선 노력을 한다면 비판적 사고는 충분히 습득될 수 있다. 그리고 비판적 사고를 잘하기 위해서는 현재 자신의 사고 습관을 평가하고 비판적 사고를 개선하기 위한 행동목표설정 및 개선 노력이 필요하다. 자신의 지각과 지식을 넓히는 호기심과 노력하는 자세는 비판적 사고의 필수 요소라 할 수 있다.

사례 연구

❶ 사고를 잘하는 사람들의 특성

• 각자가 생각하는 사고를 잘하는 사람들의 특성을 떠올려 보자. 역사 속 이야기나, 책, 영화, 혹은 주변 인물 등에서 사고를 잘하는 사람을 떠올려 보고, 그 사람의 특성은 어떠한 것인지를 정리하여 팀원들과 공유한다.

• 팀별로 사고를 잘하는 사람의 특성을 10개의 키워드로 정리하여 발표한다.

• 각 팀들이 발표한 키워드 중 나에게 있다고 생각하는 키워드를 적는다.

---

❷ 비판적 사고 개발에 대한 논의

• 각 팀별로 다음의 주제에 대하여 토론하고 발표한다.

"비판적 사고를 막는 것들은 무엇이 있을까?"

"비판적 사고 개발을 위해 우리는 무엇을 해야 하는가?

❸ 앞에서 논의한 내용들을 바탕으로 자신의 비판적 사고 능력에 대해 생각해 본다.

• 내가 가지고 있는 비판적 사고 능력 특성은 무엇인가?

____

____

• 나의 비판적 사고 능력을 키우는 데 필요한 것들은 무엇인지, 어떠한 노력을 기울여 그것을 얻을 수 있을지 생각해 본다.

____

____

다음은 미국철학회의 델파이 보고서에서 소개된 비판적 사고를 잘하는 사람들의 사고 요인을 정리한 것이다. 제시된 특성들을 파악한 후 자신이 보유하고 있는 특성과 앞으로 발전시키고 개선하고 싶은 항목에 표시한다.

이상적인 비판 성향의 요인(Delphi Report, 1990)

① 다양한 쟁점에 관한 탐색성(inquisitiveness)

② 정보를 잘 습득하려는 관심

③ 비판적 사고기능을 사용할 기회에 대한 민감성(alertness)

④ 합리적인 탐구(reasoned inquiry)의 과정에 대한 믿음

⑤ 자신의 추리하는 능력에 대한 자신감

⑥ 세계의 다양한 관점과 견해에 대한 열린 마음

⑦ 대안과 의견을 고려하는 데 있어서 융통성

⑧ 다른 사람의 의견을 이해함

⑨ 추리(reasoning)를 평가하는 데 있어 공정함

⑩ 자기 자신의 편견, 왜곡, 전형성, 자기중심성, 그리고 사회중심적(sociocentric) 경향을 직면하는 정직성

⑪ 판단을 하거나, 보류하거나, 바꾸는 데 있어서 신중성(prudence)

⑫ 정직한 반성(사고) 자신의 견해를 바꾸는 것이 좋다고 하면 자신의 견해를 기꺼이 다시 생각하거나 수정함

⑬ 질문이나 관심을 명료하게 진술하기

⑭ 복잡한 것을 다룸에 있어서 질서정연함

⑮ 적절하게 관련된 정보를 찾는 부지런함

⑯ 준거를 선별하고 적용하는 데 있어 합리적임

⑰ 관련 주제에 주의 집중하기

⑱ 사고 과정 중에 당면하는 어려움을 견뎌 내기

⑲ 주제나 상황이 허용하는 한 정확성 추구

2) 비판적 사고 기술과 비판적 사고 성향

델파이 보고서에서는 비판적 사고의 기술 범주와 비판적 사고를 하는 사람의 성향을 제시하였다. 이 보고서가 제시한 비판적 사고 기술의 범주는 해석, 분석, 평가, 추론, 설명, 자기조절이다.

비판적 사고성향은 비판적으로 사고하기 위한 개인적 특성, 습관, 태도, 정서 등을 뜻한다. '성향'은 개인이 자신에게 주어진 상황에서 특정 방식으로 행동하고자 하는 습관적인 경향성이라고 볼 수 있다. 파시오네 등(Facione et al., 1996)은 비판적 사고성향을 개인적 · 전문적 업무에 있어 문제해결과 의사결정을 이끌어 내기 위한 목적으로 자기 스스로 판단하는 개인적인 성향이라고 정의하고, 그 하위영역을 진실 추구, 개방성, 분석, 체계성, 비판적 사고 자신감, 호기심, 성숙의 일곱 가지 영역으로 나누어 제시하였다.

(1) 비판적 사고 기술

델파이 보고서가 제시한 비판적 사고 기술 범주의 세부 내용은 다음과 같다.

- **해석**(interpretation): 다양한 경험, 상황, 자료, 사건, 판단, 신념, 규칙, 과정 또는 기준에 대하여 유의성 또는 의미를 표현하고 이해하는 것
- **분석**(analysis): 신념, 판단, 경험, 이유, 정보 또는 의견을 표현하기 위하여 시도된 진술, 질문, 개념, 기술 또는 다른 형태의 것들 사이의 실제적 추론 관계를 확인하는 것
- **추론**(inference): 합리적인 결론을 이끌어 내는 데 필요한 요인들을 확인하는 것, 가설을 구성하는 것, 자료, 진술, 원리, 증거, 판단, 신념, 견해, 개념, 기술, 의문들로부터 결론을 추출해 내거나 관련된 정보를 고려하는 것
- **설명**(explanation): 확정적, 개념적, 방법론적, 준거적, 그리고 상황적 용어로 합리성을 정당화하는 것과 설득력 있는 논쟁으로 개인의 합리성을 나타내는 것
- **평가**(evaluation): 개인의 인지, 경험, 상황, 판단, 신념 또는 견해에 관하여 기술한 것이나 진술에 대하여 신뢰도를 진술, 기술하거나 질문들 간의 실제 추론 관계의 논리적 강도를 심사하는 것
- **자기조절**(self-regulation): 자기의식하에 개인의 인지활동과 인지활동에 사용된 요인들을 감시하는 것

(2) 비판적 사고 성향

파시오네 등(1996)이 델파이 보고서에서 제시한 비판적 사고 성향의 세부 내용은 다음과 같다.

- **진실추구**(truth-seeking): 주어진 상황에서 최선의 지식을 구하고, 용기 있게 질문하고, 결과가 자신의 이익이나 예상했던 의견을 지지하지 못한다 할지라도 탐구하는 자세에 있어 정직하고 객관적인 성향을 보이는 것
- **개방성**(open-mindedness): 개인적인 편견 가능성을 인지하여 열린 마음을 지니고 다양한 관점에 대해 관대한 성향을 보이는 것

- **분석(analyticity)**: 잠재된 개념적 또는 실무적 어려움과 문제를 해결하기 위하여 합리적인 근거나 증거를 사용하고 지속적으로 중재할 필요성을 자각하는 특성
- **체계성(systematicity)**: 조직적 기술과 집중적으로 부단히 탐구하는 성향
- **비판적 사고 자신감(critical thinking self-confidence)**: 자신의 추론과정을 믿는 것
- **호기심(inquisitiveness)**: 개인의 지적 호기심과 학습에 대한 갈망
- **성숙(maturity)**: 의사결정에 있어 사리 분별을 하는 것. 성숙한 비판적 사고를 소유한 개인이 몇몇 문제들이 옳지 않은 답을 가지고 있음을 알고, 문제에 접근, 탐구하여 의사결정 하는 것

3) 비판적 사고를 방해하는 요인

다음은 비판적 사고를 방해하는 요인들의 예시이다. 이러한 요인들이 나의 올바른 사고를 방해함을 인식하고, 자기 생각에 스스로 책임을 지는 자세를 지녀야 할 것이다.

- 고정관념, 선입견, 편견, 흑백논리, 선택적 사고
- 한 가지만 선택하기
- 자기중심적 사고
- 변화에 대한 저항
- 불안, 스트레스, 피로감
- 소통 스킬의 부족
- 체면 유지
- 순응

4) 비판적 사고를 위한 구체적인 전략

(1) 9가지 주요 질문들

다음 질문들은 여러 다양한 상황에서 우리가 비판적 사고를 하는 데 도움을 줄 수 있다.

- 달성하고자 하는 주요 결과물은 무엇인가?
- 주요 결과를 성취하기 위해서는 어떤 문제나 이슈를 먼저 다루어야 하는가?
- 상황은 어떠한가?
- 어떠한 지식이 필요한가?
- 실수에 대한 여유는 얼마나 있는가?
- 도움을 줄 수 있는 자원들은 무엇인가?
- 누구의 관점이 고려되어야 하는가?
- 영향을 미치는 사고에는 어떤 것들이 있는가?

(2) 구체적 전략

어떤 상황에서는 다음과 같은 구체적 전략들이 비판적 사고에 도움을 준다.

- 다른 사람들이 물을지도 모르는 질문을 미리 예상한다.
- 기타 사항에 관한 질문을 한다.
- 자신의 생각이나 아이디어를 기록한다.
- 전문가에게 자신의 생각에 대해 조언을 받는다.
- 만약을 가정한 질문을 한다.
- '왜?'라는 이유에 대해 질문을 한다.

- 친숙한 언어로 대체한다.
- 비교하고 대조한다.
- 정보를 조직화하고 재구성한다.
- 자신의 사고 안에 내재되어 있는 결점을 찾는다.
- 자신의 사고 안에 내재되어 있는 결점을 찾기 위해 누군가에게 물어본다.
- 지적 탐색에 대한 좋은 습관을 개발한다.
- 정보를 재방문한다.
- 잘 모르거나 확신이 없는 문구는 탐색하는 데에 필요한 문구로 대체한다.
- 실수가 있는 경우에는 학습의 기회로 활용한다.
- 실수는 귀중한 경험이므로 타인과 공유한다.

2. 비판적 사고 훈련

비판적 사고를 위해서는 특정한 문제에 대해서 할 수 있는 한 많은 아이디어를 산출하고, 이를 종합·검토하여, 최선의 아이디어를 도출하는 일이 필요하며, 기존에 가지고 있는 생각의 틀을 벗어나는 것이 중요하다. 다음 제시되는 물건들의 용도를 가능한 한 많이 찾아서 기록해 본다.

스테이플러	1. 서류 정리 4. ________	2. 벽에 종이를 고정 5. ________	3. 세탁소에서 옷을 구분 6. ________

드라이어	1. ________ 4. ________	2. ________ 5. ________	3. ________ 6. ________

칫솔	1. ________ 4. ________	2. ________ 5. ________	3. ________ 6. ________

스카치 테이프	1. ________ 4. ________	2. ________ 5. ________	3. ________ 6. ________

※ 활동 팁

제시된 활동은 고정관념을 버리고 발상을 전환해 비판적인 사고를 개발하게 하는 활동이다. 활동을 통해서 비판적 사고는 고정관념이나 편견이 있어서는 안 되며, 문제의식과 발상의 전환이 필요함을 보여 준다. 제시된 활동은 개인의 생각에 따라 각기 답이 다른 것으로 한 가지의 정답은 없지만, 다음과 같은 예를 들 수 있다.

드라이어 용도: 머리를 말리는 용도, 젖은 옷을 말리는 용도, 먼지 제거 등

사례 연구

다음은 디즈니 애니메이션 '알라딘'에 나오는 장면들이다. 다음의 주제들에 대하여 토의해 본다.

❶ 법과 정의

“한끼 거리 밖에 안되는 걸 가지고 그래, 나는 살기 위해 먹고, 먹기 위해 훔칠 뿐이야. 세상이 이렇지 않으면 우린 친구가 될 수도 있어! 빵을 훔친 죄로 손목을 자른다고”

이상의 내용으로 다음에 대해 토의할 수 있다.

첫째, 없는 자가 단지 빵 한 조각 훔친 죄로 손을 잘려야 하는가?

둘째, 죄를 범할 수밖에 없는 사회적 조건 때문에 훔치는 것은 정당화될 수 있는가? (나는 살기 위해 먹고, 먹기 위해 훔칠 뿐)

❷ 편견과 문화적 상징 탐구

"나는 대륙에서 왔다. 머나먼 땅에서 낙타 대상들이 유랑하는 곳~ 그곳은 야만적이지만 그래도 집이라네"

애니메이션의 서두를 여는 노래 아라비안나이트는 인종 차별적 음조로 아랍 문화를 묘사한다. 등장인물들의 사투리와 언어 속에서도 인종 차별적인 요소는 드러나는데, 예를 들면 알라딘에서 나쁜 아랍인들은 거세고 심한 외국인 억양을 지니고 있는 반면에, 서구화된 자스민과 알라딘은 미국식 표준 영어로 말하는 것을 통해서도 알 수 있다.

이처럼 영화 속에 나타나는 편견과 문화적 상징을 찾아내어 분석하고 토론한다. (예를 들어, 백설공주의 여성상 등)

❸ 상징적 의미 파악하기

알라딘은 어린 남매가 허기를 못 이겨 쓰레기통을 뒤지고 있는 것을 목격한다. 알라딘은 자신도 배가 고프지만, 그의 빵을 그 남매에게 준다. 아부도 마지못해 알라딘을 따라 한다. 이 장면은 애니메이션 시작부에서 내레이터가 알라딘을 가리켜 말했던 '진흙 속의 보석'이라는 것을 잘 보여 주고 있다.

"진흙 속의 보석"이라는 말이 상징하는 의미는 무엇일까? 그 의미에 대하여 토의해 보자.

❹ 디즈니 영화 분석

알라딘 외에 디즈니의 백설공주와 같은 영화를 시청하고, 영화 속에 등장하는 캐릭터, 설정, 이야기를 분석하여 발표한다.

출처: 정해석, 「비판적 사고력 신장을 위한 디즈니 애니메이션 활용 학습 방안-알라딘을 중심으로」

Chapter 05 비판적 사고의 실제

비판적 사고의 실제

05 Chapter

1. 비판적 사고 방법

비판적 사고는 민주주의 사회생활에 필요한 가치 있는 스킬이다. 어떤 사태에 처했을 때 감정 또는 편견에 사로잡히거나 권위에 맹종하지 않고 합리적이고 논리적으로 분석·평가, 분류하는 사고방식이다. 즉, 객관적 증거에 비추어 사태를 비교, 검토하고 인과관계를 명백히 밝혀 여기서 얻어진 판단에 따라 결론을 맺거나 행동하는 과정을 말한다. 잘 연마하면 일상적인 의사 결정과 일 처리에 성과를 거두는 데 큰 도움이 된다. Global Strategy Group 연구에 따르면 직장에서 상사 또는 경영진이 가장 우선시하는 것이 바로 비판적 사고다. 취업 면접이나 경력 축적 중 눈에 띄고 싶다면 비판적 사고 능력을 향상해야 한다. 특히 감정에 치우치는 판단과 결정을 하는 청년들은 더 그렇다. 그렇다면 어떻게 사고하고 지식을 가질 것인가?

1) 질문 공식화

구체적으로 무엇을 찾고 있는지 파악한다. 예를 들어, 다이어트를 고려하고 있다면 체중 감량을 위한 것인지, 더 많은 활력을 얻기 위한 것인지, 아니면 단지 영양 상태를 개선하기 위한 것인지 기본 수준으로 분해한다.

2) 정보 수집

문제나 결정과 관련된 내용을 알았으니 조사한다. 전문가 문의, 주제 관련 검색, 같은 주제에 경험이 있는 사람들과 대화한다.

3) 정보 적용

'다루는 개념은 무엇인가? 어떤 전제와 가정이 깔려 있나? 정보 해석이 논리적으로 타당한가?' 등을 생각하고 적용한다.

4) 결과 예상

결정이 단기/장기적으로 상황을 어떻게 형성할지 생각해 본다. 당장 도움이 된다고 미래에도 도움이 된다는 보장이 없다. 위험 부담은 어떤 것이 있고 잘못될 소지는 어떤 것이 있는지 살핀다.

5) 다른 관점 탐색

이해의 폭을 넓혀 더 많이 배울 수 있다. 자신만의 정보와 느낌에 대해 반성, 검증할 기회가 주어진다. 예로, 사람들이 고려하고 있는 식단에 반대하는 이유를 알게 되면 결정에 영향을 미칠 수 있다.

2. 비판적 사고에 도움 되는 Key Issue

수많은 사람이 사과가 떨어지는 것을 봤지만, '왜'라고 질문한 사람은 뉴턴뿐이었다.

비판적 사고력을 가진 사람들은 인류의 발전에 핵심적인 역할을 해 왔다. 좋은 약은 입에 쓰다. 하지만 병을 고치는 데 이롭고, 충언은 귀에 거슬리지만, 자신에게 도움이 된다. 비판적 사고는 지금 우리의 문제를 해결하고 세상을 더 나은 곳으로 만들기 위해 가장 유용한 도구다.

비판적 사고를 위해 우리에게 익숙한 5W 1H를 적용하여 기초자료를 파악하고 분석한다. 비판적 사고가 대학생에게 중요한 이유는 상황의 모든 측면을 살펴보고, 대응하기 전에 몇 가지 가능한 해결책을 고려할 수 있다는 것이다. 대부분 사람이 결정을 서두르고 논리보다는 감정에 따라 반응한다. 해법을 찾고 피드백을 받고 정보를 수집함으로써 더 나은 생산적인 조직이 될 수 있다. Harvard Business Review에 존 발도니(John Baldoni) 교수는 졸업 전에 비판적 사고를 이해하고 적용할 준비가 되어야 한다고 강조한다.

비판적 사고를 위한 5W 1H

Who	• 누구에게 이로운가? • 누구에게 해로운가? • 누가 결정을 내리나? • 가장 직접 영향을 받는 사람은?	• 누가 알아보았는가? • 상담을 하기에 가장 좋은 사람은? • 누가 핵심 인물이 될 것인가? • 누가 인정받을 자격이 있나?
What	• 강점/약점은 무엇인가? • 또 다른 관점은 무엇인가? • 또 다른 대안은 무엇인가? • 반론은 무엇인가?	• 최상/최악 시나리오는 무엇인가? • 가장 중요한/중요하지 않은 점은? • 긍정적 변화에 무엇을 할 수 있나? • 행동에 옮기는 데 방해되는 것은?
Where	• 현실에서는 어디에서 볼 수 있나? • 유사 개념/상황은 어디 있나? • 가장 필요한 곳은 어디인가? • 세상에 어디에서 문제가 되나?	• 어디서 더 정보를 얻을 수 있나? • 도움을 받으려면 어디로 가야 하나? • 아이디어는 어디로 이끌 것인가? • 개선해야 할 부분은 어디인가?
When	• 언제 허용되고 언제 불가능한가? • 언제 사회에 도움이 될까? • 언제 문제를 일으킬까? • 조치에 가장 좋은 시점은?	• 성공 여부를 언제 알 수 있나? • 과거 언제 제 역할을 했나? • 언제 바뀔 것으로 예상하나? • 언제 도움을 요청해야 하나?
Why	• 왜 문제/도전이 되나? • 왜 나 또는 남에게 관련이 있나? • 왜 최선/최악의 시나리오가 되나? • 왜 영향을 받게 되나?	• 왜 알아야 하나? • 왜 이렇게 오랫동안 계속 되었나? • 왜 일어나도록 허용했나? • 왜 지금 필요한가?
How	• 얼마나 비슷한가? • 어떻게 일에 방해되나? • 어떻게 진실을 알 수 있나? • 어떻게 안전하게 접근할 수 있나?	• 우리/남들에게 어떤 이점이 있나? • 우리/남들에게 어떤 피해를 주나? • 어떻게 앞으로 보아야 하나? • 어떻게 유리하게 바꿀 수 있나?

3. 비판적 사고의 토론방법

아리스토텔레스는 이렇게 설파했다. "남을 설득하려면 로고스(이성)와 파토스(감성), 그리고 말하는 사람에 대한 신뢰, 곧 에토스(이성적 감성)를 갖춰라" 비판적 사고를 갖고 토론하는 방법의 유의할 점을 알아보자.

1) 이성과 감성적인 토론내용으로 설득하여야 한다.

이성과 감성 그리고 이성적 감성까지 고루 갖춰야 토론이 잘 된다는 것을 알았기에 토론내용은 이성적이며 반박 불가능한 것이 아니라 청중에게 호소할 수 있는 내용이어야 한다. 토론내용을 작성할 때는 '어떤 것을 침해하기 때문에 반대합니다.'보다 '어떤 것은 정당화될 수 없습니다.'라고 쓰는 것이 좋다.

2) 토론내용의 마지막에는 새로운 시각을 제시해 주는 것이 좋다.

무작정 '이래서 저래서 반대합니다.'가 아니라 '이런 식으로 생각해 보는 건 어떨까요? 지금 그런 사업이 아니라 이런 대책이 필요합니다.'라는 식으로 새로운 해결책을 제시해 주도록 하는 것이 도움이 될 수 있다.

3) 과도하게 반대한다는 주장은 좋지 않다.

이미 주장이 '정도가 넘어섰다'라는 과도하다, 지나치다는 단어를 포함하고 있는데 그럼 당연히 정도가 넘어선 것이니 결과도 안 좋은 게 당연하다. 그럼 애초에 가정을 정도에서 넘어간 걸로 하니까 주장에 힘이 없을 수 있다. 이런 단어는 사용하지 않는다.

4) 출처를 밝히는 게 좋다.

당연한 이야기지만 생각보다 꽤 많은 분이 출처 없이 이야기한다. 출처가 없으면 주장의 신뢰는 사라질뿐더러 주장에 대한 힘이 실리지 않는다. 객관적이고 공정성을 갖는 주장들을 가져온다.

사례 연구 1

비판적 사고 부재의 재앙

❶ 비판적 의견을 무시한 대가

잘나가던 기업이 한순간에 몰락하고 인명피해를 가져오기도 하고 방사선에 오염되어 생지옥이 되었고, 지금도 그 영향을 받아 미래의 인류, 지구도 그 결과를 초래했다.

❷ 역사에 관한 비판적 의문

우리가 역사적인 사실에 의문을 품거나 비판적인 자세를 취하기는 쉽지 않다. 기록이 없거나 있거나 무관하게 교육을 통해 세뇌되거나 학습된 역사는 무조건 인정해야 하고 그렇지 않은 건 왜곡이라는 평가를 받기도 한다. 조류는 공룡의 후손이었고 아메리카 대륙은 발견하기 전에 이미 사람이 사는 대륙이었다.

❸ 인간은 자연의 일부

상호 영향을 주고받고 공존하는 꿀벌이 사라진다는 데 양봉업자들을 제외하곤 심각하게 받아들이는 사람이 적어 걱정이다. 지구 환경을 훼손하면 인류는 물론 자연은 크게 훼손되겠지만, 황폐되더라도 지구는 남는다.

❹ 대기업의 몰락

망하는 이유는 다양하겠지만 경쟁에서 우위를 차지하면 더 경쟁하지 않아도 그 지위가 지켜진다고 생각하고, 충언을 무시하는 경향이 생긴다. 늘 깨어 있어 as is(현실을 객관적으로 명확하게 파악하고), to be(목표), gap을 분석하여 채워 나가는 과정이 필요하다. 각 단계에선 반드시 비판적인 사고가 필요하다.

앞의 사례에 대한 다음 질문에 대하여 각자의 생각을 정리하고 자신의 의견을 팀원들과 공유하자.

1. 비판적 사고의 부재에 대해 어떻게 생각하는가?

____

____

2. 앞과 같은 사례에서 비판적 사고를 통해 조금이라도 바뀐다면 어떻게 되었을까?

____

____

4. 비판적 사고의 실제

비판적 사고를 찾고 토의하고 주장하는 훈련을 다음과 같은 방법으로 한다.

① 먼저 두 그룹으로 나눠 주제에 대해 한 그룹은 찬성, 다른 그룹은 반대 주장을 맡긴다.

② 그룹 멤버 간 의견을 토의하거나 인터넷을 활용하여 객관적 사실을 찾는다.

③ 사실을 기반으로 그룹별로 토의하고 다양한 의견과 주장을 양식에 정리한다.

④ 두 그룹의 대표 토론자(1명~3명)를 정하고 나와 실제적인 주장과 토론을 한다.

⑤ 토론을 마치면 찬성하는 그룹과 반대하는 그룹의 역할을 바꾸어 다시 토론 한다.

⑥ 찬성과 반대 의견 중 가장 합리적이고 반론하지 못할 정도의 내용을 선정하여 포상도 하고 칭찬을 한다.

토론 주제 작성 방법

구분	내용
찬성	'논리세우기'로서, 자기 팀의 입장을 가장 강력하게 표현할 수 있는 논점을 찾아 논리를 세우는 단계.
반대	자기 팀의 입장을 가장 강력하게 표현할 수 있는 논점을 찾아 논리를 세우는 단계.
반론	상대의 약점을 지적하고 자기 팀의 강점을 드러내는 논리 주장하기.
숙의시간	같은 팀끼리 다음 단계의 토론을 준비하는 시간(작전 타임).
교차질의	상대방 입장에 대해 질문하는 것. 상대의 입장을 정확히 분석하는 질문을 통해 상대 논리의 허점을 드러내게 함. 반대로 대답하는 과정에서는 자신의 입장을 적절하게 옹호하는 시간.
재반론	교차질의 시간까지 나온 토론 내용 중에서 상대의 약점을 지적하고 자기 팀의 강점을 드러내는 논리로 요약하면서 반론.
최종발언	토론에서 승리해야 할 이유를 설득력 있게 최종적으로 다시 밝히는 마지막 과정. 감성 언어를 적절히 사용하여 청중과 심판의 지지를 이끌어 내는 시간.

다음 사례 연구의 주제 '노키즈존이 필요할까요?'에 대한 내용으로 먼저 추가적인 내용을 작성하여 토론하게 한 후 제시하고 있는 7가지 주제 중 필요한 주제를 찾아 실제적인 훈련을 한다.

사례 연구 2

주제: 노키즈존이 필요할까요?

카페나 식당, 술집이 많은 서울의 유흥가 지역에서 주로 볼 수 있었던 '노키즈존'이 최근 수도권 전역으로 퍼지고 있다. 어린이의 출입을 금지하는 '노키즈존' 상점들은 "어린이들이 큰 소리로 소란을 피우고 떠들어서 다른 손님들에게 피해를 준다.", "어린이가 상점을 돌아다니다 사고를 당하면 상점 주인이 보상해야 한다."는 이유를 내세우며 노키즈존을 실시하고 있다.

한편 다른 관점에서 어린이에 대한 명백한 차별이라며 노키즈존을 반대하고 있다. 상점에 출입할 권리는 어린이에게도 있는데, 그것을 상점이 일방적으로 빼앗을 수는 없다는 이야기다. 다른 손님들에게 피해를 주는 일부 어린이 때문에 모든 어린이의 출입을 금지하는 건 지나치다는 주장도 있다. 여러분은 어떻게 생각하는가?

토의 구분	토의된 내용 정리
사실/이론/ Fact/뉴스	2011년 한 식당에서 뜨거운 물이 담긴 그릇을 들고 가던 종업원과 부딪힌 10세 어린이 손님이 화상을 입었다. 법적 소송 끝에 2013년 부산지법은 식당 주인과 종업원에게 4,100만 원을 배상하라고 판결했다. 법원은 10세 어린이 부모의 책임을 30%로, 식당 주인과 종업원의 책임을 70%로 봤다. 이 일을 계기로 노키즈존을 실시하는 상점들이 크게 늘고 있다.
찬성 이유	• 어린이 행동이 손님에게 피해를 주고 사고의 위험도 있습니다. • 소란을 피우는 아이들과 이를 방치하는 몰지각한 부모들 때문에 필요합니다. • 상점 주인도 매출 감소를 감수하고 시행하는 것입니다.
반대 이유	• 노키즈존은 어린이에 대한 차별입니다. • 모든 아이가 소란을 피우거나 모든 부모가 몰지각하지 않습니다. • 특정 고객을 차별하는 문화가 확산될 수 있습니다.
찬성/반대의 반론 및 재반론	• 자신의 아이가 다른 손님들에게 방해가 되지 않도록 배려하는 법을 가르치는 일이 선행되지 않는다면, 노키즈존의 확산은 불가피합니다. • 몇몇 몰지각한 부모 때문에 모든 부모와 어린이들을 차별하는 것은 옳지 않습니다. 모든 부모가 시끄럽게 소란을 피우거나 몰지각한 아이의 행동을 두고 보지만은 않습니다.

[비판적 사고 실제]

주제 1: 돈이 많으면 행복할까?

기획재정부 발표에 따르면 2016년 우리나라 로또복권 판매액은 3조 5500억 원으로서 12년 만의 최고 수치를 기록했다고 한다. 이처럼 로또 열풍이 다시 부는 것은 많은 사람이 돈이 많으면 행복할 것으로 생각하기 때문일 거다. 하지만 돈으로도 살 수 없는 것이 있는 만큼 돈이 많더라도 행복하지는 않을 수도 있다고 생각하는 사람들도 있다.

여러분은 돈이 많으면 행복해질 수 있다고 생각하는가?

돈을 많이 벌기 위해 무엇을 하면 될까?

토의 구분	토의된 내용 정리
사실/이론/ Fact/뉴스	
찬성 이유	
반대 이유	
찬성/반대의 반론 및 재반론	

주제 2: 흉악한 범죄자의 얼굴과 신상, 공개해도 될까?

최근 아동학대와 살해 등 끔찍한 범죄들이 연이어 발생하면서, 범죄자의 얼굴을 공개해야 한다는 목소리가 높아지고 있다. 올해 초 경기도 평택시에서 계모와 아버지에 의해 살해당한 원영이 사건 경우에도 부모의 얼굴이 공개되지 않아 항의하는 사람들이 많았다.

범죄자의 얼굴을 공개해야 한다는 사람들은 공익을 위해서라도 범죄자의 얼굴은 공개돼야 한다고 주장한다. 또 목격자 확보를 위해서라도 얼굴을 알려야 한다고 한다. 이를 반대하는 사람들은 범죄자의 얼굴을 공개하게 되면 범죄자의 인권이 침해된다고 주장한다. 게다가 범죄자의 주변인들이 두려워하는 피해도 있다. 만일 범죄자가 누명을 쓴 경우라면 얼굴 공개로 끔찍한 인생을 살 수도 있다. 또 최종 판결이 내려지기까지는 '무죄'라는 무죄의 원칙이 있기도 하다.

우리나라는 살인, 강간, 강도 등 잔인한 피해를 발생시킨 강력범죄에 대해서는 「특정강력범죄의 처벌에 관한 특례법」에 따라 범죄자의 얼굴을 공개할 수 있는 요건이 마련되어 있다. 그러나 이 또한 공익에 필요한 경우에 한하며, 청소년은 해당하지 않는다. 마스크와 모자로 얼굴을 가린 채 공개되는 범죄자의 모습, 여러분은 어떻게 생각하는가?

토의 구분	토의된 내용 정리
사실/이론/ Fact/뉴스	
찬성 이유	
반대 이유	
찬성/반대의 반론 및 재반론	

주제 3: 영화관 좌석 차등요금제 어떻게 생각하나요?

2016년 3월 3일, 우리나라 최대 멀티플렉스 영화관 CGV가 좌석 차등요금제를 시작했다. 좌석 차등요금제란 영화를 관람하는 좌석에 따라서 요금을 달리하는 제도다. 전에는 영화 관람 시간에 따라 가격이 달랐지만 이제는 관람 시간과 더불어 좌석의 위치, 즉 이코노미존이냐, 스탠다드존이냐, 프라임존이냐에 따라서도 가격이 달라지는 것이다.

좌석 차등요금제에 찬성하는 측은 영화관 가격 정상화에 도움이 되고 영화 산업 전반에 이익이라고 주장한다. 반면 영화관이 돈을 더 벌려는 꼼수에 불과하다고 반발하는 목소리도 거세다.

영화관 좌석 차등요금제, 여러분은 어떻게 생각하는가?

토의 구분	토의된 내용 정리
사실/이론/ Fact/뉴스	
찬성 이유	
반대 이유	
찬성/반대의 반론 및 재반론	

주제 4: 미용을 위한 성형수술 어떻게 생각하나요?

성형수술은 사전적으로 '상해 또는 선천적 기형으로 인한 인체의 변형이나 미관상 보기 흉한 신체의 부분을 외과적으로 교정 · 회복시키는 수술'을 뜻한다. 역사적으로도 초기의 성형수술은 선천적인 기형이 있거나 심한 사고로 다친 사람들의 얼굴과 신체 기능을 원래대로 돌려놓기 위한 것이었다. 그러다 후기 자본주의 시대에 들어서고 사회의 생존 경쟁이 치열해지면서 미용을 위한 성형수술이 유행하기 시작했다.

이렇게 미용을 위해 행해지는 성형수술에 대해 어떻게 생각하는가?

토의 구분	토의된 내용 정리
사실/이론/ Fact/뉴스	
찬성 이유	
반대 이유	
찬성/반대의 반론 및 재반론	

주제 5: 나를 공격하는 강도나 도둑을 때리는 것은 정당방위일까?

2014년 3월의 어느 날 밤, 도둑이 한 집에 침입했다가 집주인에게 심한 폭행을 당했다. 어찌나 심하게 맞았는지 도둑은 곧 식물인간 상태가 되었다. 그리고 폭행을 가한 집주인은 1심 법원에서 징역 1년 6개월의 실형을 선고받았다. 이미 정신을 잃어 저항할 수 없는 도둑을 빨래 건조대와 허리띠로 때린 행위는 정당방위로 인정하기 어렵다는 이유에서다.

그러나 이 판결에 찬성할 수 없다는 여론이 SNS를 중심으로 일어났다. 도둑으로부터 어떠한 피해를 받을지 모르는 상황에서 도둑을 제압하는 것은 당연한데, 단지 도둑이 식물인간이 되었다고 집주인에게 실형을 선고하는 것은 지나치다는 주장이다. 이 사건을 통해 우리나라의 「정당방위법」을 좀 더 현실적으로 바꾸자는 움직임도 생겼다.

우리 집에 들어온 도둑으로부터 가족을 보호하기 위해 폭행했는데 도둑이 식물인간이 되었다면, 그 폭행은 정당방위라고 볼 수 있을까?

토의 구분	토의된 내용 정리
사실/이론/ Fact/뉴스	
찬성 이유	
반대 이유	
찬성/반대의 반론 및 재반론	

06 Chapter 논리의 이해

Chapter 06

논리의 이해

1. 논리의 개념과 필요성

우리가 사용하는 거의 모든 단어나 개념은 시대의 흐름에 따라 변화하고 발전한다. 개념이나 단어의 어원을 살펴본다는 것은 그것이 가지고 있는 원래 성질을 이해하는 데 적지 않은 도움이 된다.

논리에 대한 우리말 사전의 정의는 다음과 같다. "(기본의미) 생각이나 추론이 지녀야 하는 원리나 법칙. 또는 그것을 다루는 학문." "사물의 이치나 법칙성에 바탕을 둔 사고방식." 논리(論理)의 '논할 론(論)'은 '논(論)하다', '서술하다', '의견을 말하다' 등의 뜻을 나타내는 한자이다. 뜻을 나타내는 '言(말씀 언)'과 소리를 나타내는 '侖(생각할 륜)'이 합쳐진 형성자이다. '이치 리(理)'는 '다스릴 리'라는 한자로, '다스리다'를 뜻한다. 옥을 가공할 때 옥의 결을 따라 다루지 않으면 안 되므로 옥을 결대로 다스린다는 것이 본래의 뜻이다.

일상에서 우리가 흔히 쓰는 '논리'라는 단어는 생각하고 표현할 때 지켜야 할 원리나 법칙을 다루는 학문, 즉 논리학이다. 논리학은 logic(영어), Logik(독일어), Logica(프랑스어)라고 하는데, 이 표현들은 모두 그리스말의 Logos에서 온 표현이다. 그러면 Logos라는 표현은 어떤 의미와 내용을 가지고 있을까? Logos는 일반적으로 말, 사상, 개념, 이성 등을 의미하고 있다.

Logos는 사물의 존재를 한정하는 보편적인 법칙, 행위가 따라야 할 준칙, 이 법칙과 준칙을 인식하고 이를 따르는 분별과 이성(理性)을 뜻한다. 파토스(pathos)와 대립하는 개념으로, 본래는 고전 그리스어로 '말하다'를 뜻하는 동사 'legein'의 명사형이며 '말한 것'을 뜻한다. 여기서 '로고스'는 많은 종류의 파생적 의의를 낳아 고대 그리스철학에서 중요한 구실을 하게 되었다. 고대 그리스철학은 대개 '로고스적'이라고 특징지을 수 있다.

'말한 것'이란, 첫째, '말' '글' '이야기' '연설'이다. 여론을 중시하는 것은 고대 그리스인의 특징으로, 여기서 수사학(修辭學: rhetoric)이 발생하였다. 둘째, 그것은 사물의 '설명' '이유' '근거'를 뜻하게 되었으며, 따라서 사물의 정의(定義) · 논증(論證)을 뜻하기도 한다. 그리스인은 로고스를 이런 뜻으로 추구하여 철학을 탄생시켰다. 셋째, 그것은 정의에 의하여 파악되는 사물의 '본질 존재(그 '무엇인가')'이다. 따라서 로고스는 자연의 본질을 규정하고, 각 사물을 각각 고유하고 일정한 것이 되게 하는 '모양(형상)'이다. 그러나 사물이 일정한 것으로서 한정된다는 것은 그 사물이 다른 사물과 구별된다는 것이고, 다른 사물과의 관계 안에 놓이는 것에 의해서 이루어지기 때문에 로고스는 이 관계를 다루는 것으로 어떤 사물과 다른 사물과의 '비율(比率)'을 나타낸다. 따라서 로고스는 모든 사물에 '공유(共有)하는 것'이다.

고대 그리스 철학자 헤라클레이토스[1]는 여기서 만물은 하나의 로고스에 의하여 지배되고, 이 로고스를 인식하는 것 안에 지혜가 있다고 하였다. 넷째, 로고스는 사물 존재의 '무엇인가'를 파악하는 인간의 '분별' '이성'을 뜻한다. 고대 그

1) Logos라는 용어를 최초로 사용한 철학자는 고대 그리스의 헤라클레이토스(Herakleitos, B.C. 535-475)다. 그는 우주 만물이 흐르고 변한다고 보고, 그런 만물의 생성과 소멸의 법칙을 바로 Logos라고 불렀고, 그런 Logos가 참다운 인식의 대상이라고 하였다.

리스 철학자 파르메니데스(Parmenides)는 로고스에 의해 파악되는 사물의 존재는 감각에 나타나지 않는다는 사실을 근거로 로고스와 감각의 구별을 강조하였다. 고대 그리스 철학의 로고스는 이런 철학자들에 의하여 단서가 제공되었다. 인간이 말한다는 것으로 '로고스를 가진 동물(이성적 동물)'이라고 정의하였다.

고대 그리스인들의 'logos'라는 사고방식은 철학이라는 학문의 탄생에 결정적으로 이바지했다. 'logos' 이전의 사고방식은 'mythos'라는 사고방식이 지배적이었다. 'logos'라는 사고방식을 굳이 우리말로 옮기면 논리적 사고방식이라 할 수 있다. 'mythos'는 신화적 사고방식으로 꿈, 스토리텔링, 상징의 세계를 보여 준다. 오늘날의 많은 합리주의자처럼, 고대 그리스의 대부분 철학자는 'logos'를 높이 평가하고 'mythos'를 경시했다. 그들은 논리와 이성이 우리를 진보하게 만들고, 스토리텔링과 신화 만들기는 진보를 저해한다고 결론지었다. 그러나 오늘날의 많은 인류학자, 사회학자, 철학자를 포함하여, 그때나 지금이나 많은 학자는 더 복잡하게 상황을 이해하는데, 'mythos'와 'logos'는 뒤얽혀 있고 상호 의존적이라는 것이다. 예를 들어, 과학도 마찬가지다. 우리가 세상을 이해하기 위해 사용하는 생각의 틀과 은유는 과학적 발견에 도움이 되고 심지어 세상 자체가 변한다. 코페르니쿠스(Copernicus) 혁명은 단순한 과학적 계산보다 우주 속 지구의 위치에 관한 새로운 이야기를 포함했다.

어떤 학문을 처음 접할 때 우리는 우선 그것이 무엇인가를 묻는다. '논리학'이라는 학문을 처음 접할 때도 마찬가지다. 따라서 우리도 우선 "논리학이란 무엇인가?"라는 물음으로 시작해 보자.

"논리학이란 무엇인가?" 이런 종류의 질문을 받게 되면 누구라도 매우 곤혹스러울 것이다. 그러나 이러한 종류의 물음에 대해 가장 쉽게 접근하는 하나의 방법이 있다. 그것은 곧 물어진 그 학문의 '대상'을 밝힘으로써 그 학문의 본질적 성격을 대략 파악하는 방법이다. 더욱이 한국어로 만들어지거나 번역된 여러 학문의 이름에는 이미 그 학문의 대상이 명시적으로 나타나 있어서 그 학문의 성격에 접근하기가 훨씬 수월해진다. 예를 들어, '수학'은 그 이름에서 이미 수학의 대상이 '수(數)'라는 것을 알 수 있고, '역사학'도 그 이름에서 역사학의 대상이 '역(歷)'과 '사(史)'라는 것을 알 수 있다. 마찬가지로 우리는 '물리학'의 대상이 '물리(物理, 사물의 이치)'라는 것을 알고, '법학'의 대상이 '법(法)'이라는 것을 알고 있다. 그래서 당연히 우리는 '논리학'의 대상이 '논리(論理)'라는 것을 쉽게 알 수 있다.

'논리'를 말 그대로 풀이해 보면, '말함(論)의 이치(理)'라는 뜻을 갖는다. 그런데 말함은 생각함과 불가분의 관계에 있다. 즉, 우리는 어떤 것에 대해 먼저 생각하고 그렇게 생각한 것을 말로 표현하는 것이다. 이때 어떤 것에 대해 생각한다는 것은 그 어떤 것을 우리 마음속에 떠올리는 것을 말한다. 여기서 생각함의 대상이라고 할 수 있는 어떤 것은 우리 주변에 보이는 여러 가지 사물들, 우리의 내면세계에서 일어난 경험들, 현실 세계와 동떨어져 있는 비현실적인 어떤 것 등 무한하다. 우리는 이러한 그 무엇들에 대해 생각함을 통해서 우리는 그 무엇에 대한 관념을 만들고, 이 관념을 말로 표현하는 것이다. 이러한 점에서 말함과 생각함은 불가분의 관계이며, 따라서 말함의 이치는 곧 생각함의 이치라고 할 수 있겠다. 논리학의 영어 표현 logic이 고대 그리스어 logos에서 유래했다는 사실을 생각해 보자. logos의 일차적인 의미는 '말, 특히 마음속에 생각된 것을 표현하는 말'이다. 여기에는 말하기가 생각된 것을 표현하는 것이라는 주장이 전제되어 있다. 즉, 말하기는 내가 연속해서 마음속에 떠올리는 그림들이나 개념들을 하나하나 낱말로 표현하는 과정이라는 것이다. 그렇다면 논리를 생각하기의 이치라고 하건 말하기의 이치라고 하건 큰 차이가 없다. 생각하기의 이치가 곧 말하기의 이치이기 때문이다.

그렇다면 생각함은 무엇이고 이치는 무엇인가? 우선 어떤 것에 대해 생각한다는 것은 앞에서 말한 것처럼 그 어떤 것을 우리 마음속에 떠올리는 것을 말하는데, 이러한 생각함에는 여러 가지의 방식이 있다. 개념으로 생각하기를 통해서 이루어진 생각을 표현하는 말로서의 logos의 의미를 고려한다면 logic을 '논리'라고 번역한 것은 훌륭한 번역이다. 즉, logic을 '논리'로 번역하는 것은 logic이 모든 생각하기의 법칙을 다루는 것이 아니라 개념으로 생각하기의 법칙만을 다룬다는 것이 잘 드러난다.

2. 논리적 사고의 근본원리

논리적 사고의 근본원리란 우리가 사고할 때 더 이상 증명할 수가 없고 의심할 수 없는 공리[2]로 인정되는 원리를 가리킨다. 그것은 논리학의 법칙이자 논리학의 기초적 영역이다. 이러한 사고의 원리는 일반적으로 동일률, 모순율, 배중률의 원리가 곧 그것이다. 그리고 라이프니츠(Leibniz) 이후 제4의 원리로서 충족이유율이 여기에 첨가된다.

1) 동일률(the principle of identity)

"있는 것은 있다. (Whatever is, is)" 또는 "어떤 명제이건 그것이 만일 참이면 그 명제는 참이다"를 뜻하며 가본 형식은 "A는 A이다. (A is A, A=A)"로 표현된다. 동일률은 내용과 표현이 동일한 것 즉, 의미와 지시대상이 동일한 것을 의미한다. 이것은 어떤 그 무엇에 대해 A라는 개념으로 부른다면 그것은 A일 뿐이지 결코 다른 그 무엇이 아니라고 생각하는 것을 말한다. 이 세상의 모든 사물과

2) 공리란 고대 그리스어의 axioma라는 말에서 유래한다. '그 자체로 명백한 진리'라는 의미가 있다. 수학에서 공리는 증명하지 않고 참으로 받아들이는 명제를 의미한다. 논리의 출발점이다. 또한 이 말은 가장 가치 있고 영예롭다고 인정되는 그 무엇이어서 그것에 대해 더 이상의 의문도 가질 수 없는 것을 지시하는 말이다. 그 이후로 이 말은 충분히 사고되었기 때문에 그것의 근거에 관해 묻지 않아도 될 것을 뜻하는 오늘날의 의미로 정착되었다. 그러나 철학적인 관점에서 본다면, 공리는 어떤 지식의 체계를 시작하기 위한 일종의 형이상학적 가설이라고 할 수 있다.

개념이 그 자체로는 동일하고 다른 것이 될 수 없다는 것이다. 사람이 사람일 수밖에 없고 나무가 나무일 수밖에 없다는 근거나 원리가 동일률이다. 이 원리는 고대 그리스 철학자 파르메니데스에 의해서 시사되었고, 그 후에 라이프니츠(1646-1716)에 의해서 논리학상의 공리로서 확정되었다. 이 원리를 무시하여 A를 A라고 할 수 없다면 사고는 전혀 불가능하게 되고 만다. 예를 들면, "개는 개이다"라고 할 때 주어 개념의 '개'의 뜻과 술어 개념의 '개'의 뜻은 논리적으로 동일하여야만 한다. 즉, 주개념의 '개'의 본질과 동일하여야 하는 것이다. 실제로 우리가 "개는 개다."라고 말한다면 그것은 동어반복으로서 같은 말을 되풀이할 뿐이지 아무런 사고로 나아갈 수 없는 것이다. 반면에 달리 "A=B"의 형식으로 표시되는 상대적 동일의 경우는 그 의미를 확장하여 "서울은 한국의 수도이다"와 같이 완전한 동일이 아니고 두 개념의 일치를 뜻하는 것인데, 이것을 일치의 원리(the principle of agreement)라고 한다. 동일성의 원리는 모든 긍정 판단의 기초가 된다.

2) 모순율(the principle of contradiction)

"어떤 것도 동시에 존재하고 또 존재하지 않을 수 없다.(Nothingcan both be and not be)" 또는 "동일한 명세가 동시에 참이고 또 허위일 수 없다."라는 것을 뜻하며 기본 형식은 "A는 비(非)A가 아니다.(A is not non-A)"라고 표현된다. 이것은 우리가 일단 그 무엇에 대해 A라는 이름을 붙였다면 그것은 A가 아닌 다른 어떤 것이라고 생각해서는 안된다는 것을 말한다. 이미 짐작했겠지만 첫 번째 공리와 두 번째 공리는 사실상 똑같은 것을 서로 다른 두 가지 방식으로 표현하고 있다. 예를 들어, "산은 산이면서 동시에 산이 아닌 것일 수 없다." 이 원리는 어떤 사물이든지 하나의 동일한 성질을 가지면서 동시에 그것과 모순되는 배타적인 성질을 가질 수 없다는 것을 의미한다. 다시 말하면, 똑같은 대상을 놓고 그 대상에 대해서 똑같은 사실을 긍정하면서 동시에 부정하면 그것은 모순된다는 것이 모순율의 내용이다.

이 원리는 라이프니츠에 의해서 확립되고 칸트(Kant)에 의해서 계승되었다. 이것은 A가 A인 이상 A 이외의 것일 수 없다는 것으로서 동일률의 다른 면, 즉 소극적인 면을 말하는 것이다. 예를 들면, "개는 동물이다."라고 할 때 "개는 동물이 아닌 다른 것이 아니다."라는 것을 의미한다. 개가 동물이면서 동물이 아니라고 하는 것은 논리적으로 모순되는 것이다. 모순율은 동일한 대상에 관하여 동일한 사실을 긍정함과 동시에 부정할 수 없다는 것을 요청하는 원리이다.

"A는 B이다."라는 동일률을 주장할 때 동시에 "A는 비(非)A가 아니다."라는 모순율에 의해서 그것과 반대되는 사고를 배제하려고 한다. 이런 경우 모순율을 모순 배제의 원리(the principle of excludedcontradiction)라고도 한다. 그리고 "A는 비(非)A가 아니다."라는 형식에 있어서 비(非)A 대신 A 아닌 B를 대입하면 "A는 B가 아니다"로 되어 그 본질상 사물의 차이를 나타내는 역할을 할 수 있어서 이를 차이의 원리(principle of difference)라고도 한다. 또한 모순율은 그 속에 이중부정(double negation)을 포함하고 있으므로 결국은 처음의 긍정으로 되돌아간다. 이런 의미에서 이를 이중부정의 원리(principle of double negation)라고도 한다. 모순율은 모든 부정판단의 기초가 된다.

3) 배중률(the principle of excluded middle)

"모든 사물은 반드시 존재하거나 존재하지 않거나이다.(Everything must either be or not be)" 또는 "동일한 명제는 참이거나 허위이거나이다."라는 뜻으로 기본 형식은 "A는 B이거나 비(非)B이든가이다.(A is either B or non-B)"로 표현된다. 이것은 우리가 일단 A라고 이름 붙인 것이 B와 동일한 것이라고 확인되었다면 그 A가 B가 아닌 다른 그 무엇과 동일한 것이라고 생각할 수 없다는 것을 말한다. 예를 들어, "김 군은 키가 작다."라고 해 놓고 "김 군은 키가 작으면서 키가 작지 않다."라고 한다면 모순을 범한다. 똑같은 대상에 대해서 동일한 사실을 긍정하고 동시에 부정할 수 없다. 따라서 같은 대상에 대하여 같은 사실을 긍정하면 부정할 수 없고 또한 부정하면 긍정할 수 없다.

이 원리는 같은 대상에 관하여 같은 사실을 동시에 긍정하고 또 부정할 수 없는 것이므로 긍정하면 부정할 수 없고, 부정하면 긍정할 수 없다는 것을 요청하는 것이다. 즉, A는 B이든가 B가 아니든가 양자 중의 하나이지 B도 아니고 B 아닌 것도 아닌 제삼자를 허용하지 않는다는 원리이다.

배중률은 그 형식 "A는 B이든가 비B이든가이다."에서 비B 대신 C나 D를 대입하면 "A는 B이든가 C이든가 D이든가이다."로 되어 선언 판단의 형식을 갖게 되므로, 이를 때로는 선언율(law of disjunction)이라고도 한다. 물론 양자 중의 하나를 택하는 배중률과 두 개 이상의 선언지 중 어느 것을 택하는 선언과는 그 성질이 꼭 같다고는 할 수 없으나 선택하는 성질은 같다고 할 수 있다. 배중률 또는 선언율은 모든 선언적인 판단의 기초가 된다.

4) 충족이유율(the principle of sufficient reason)

이것은 일반적으로 "모든 것은 그 이유를 가진다."라는 형식으로 표시되며 이 원리 역시 라이프니츠에 의해서 확립되었는데 그 후 쇼펜하우어(Schopenhauer, 1788-1860)에 의해서 계승되어 네 가지 종류로 세분되었다. 그는 이 충족이유율에 관한 논문으로 예나(Jena)대학에서 학위를 받았다.

첫째, 생성의 충족이유율

이것은 자연계의 생성변화에는 충분한 이유가 있어야 된다는 원리로서 일반적으로 인과율 또는 인과법칙(law of causality)이라고 부른다. 이것은 자연과학적 존재의 기초가 된다.

둘째, 인식의 충족이유율

이것은 어떠한 인식과 판단도 그것이 참되기 위해서는 충분한 이유가 있어야 한다는 논리적 원리로서 이때 이유(ground)에 따르는 것은 귀결(consequence)이다.

셋째, 존재의 충족이유율

이것은 직접적인 존재에 있어서의 모든 것은 시간적, 공간적인 이유로 말미암아 선후라든가 상하, 좌우 등으로 규정된다는 것이다.

넷째, 행위의 충족이유율

이것은 인간의 모든 행위에는 반드시 행위하지 않으면 안 될 충분한 동기, 즉 이유가 있다는 원리이며, 인간의 도덕적 행위에 있어서도 동기가 그 행위의 이유가 된다는 것이다.

이상에서 본 것처럼 충분한 이유가 없으면 어떠한 사실도 성립될 수 없고 또한 어떠한 판단도 참일 수 없다. 그 이유에 의하여 비로소 그것들은 다른 어떤 것이 아닌 바로 그것들 자신일 수 있는 것이다.

이러한 논리적 사고의 원리에 근거해서 우리는 우리가 생각하고자 하는 모든 것을 '판단(判斷)'이라는 하나의 사고형식으로 우리의 마음속에 저장한다. 그런데 판단은 일회적일 수도 있지만 대체로는 연속적인 것이다. 즉, 우리는 어떤 것을 마음속에 떠올려서 마음속에 가만히 잡아 두고 있는 것이 아니라 일단 하나의 어떤 것을 마음속에 떠올렸다가는 곧바로 다른 그 무엇을 떠올린다. 이러한 방식으로 판단은 끊임없이 진행되고 있는 것이다.

이러한 판단의 진행에는 일정한 방향성이 있을 수도 있고 그렇지 않을 수도 있지만, 만약 판단의 진행에 일정한 방향성이 있다면 거기에는 규칙이라고 할만한 것도 있을 것이다. 예컨대, 두 사람이 똑같은 하나의 그 무엇에 대한 판단에서 출발하여 일정한 방향에 따라 생각을 진행시켜서 일정한 정도 생각의 흐름이 지난 후에도 그 두 사람이 똑같은 그 무엇에 대한 판단을 가지고 있다면, 확실히 판단의 진행에 규칙성이 있다고 할 수 있다. 이 규칙성이 바로 '이치'이다.

'이치'란 말 그대로는 '이(理)에 도달함'을 말하지만, 실제로는 여기서 한 걸음 더 나아가 '이에 도달하는 정당한 길'이라는 뜻으로 쓰인다. 이때 이에 도달하는 길이란 누구라도 그 길만 그대로 따라가면 어김없이 이에 도달할 수 있다는 것을 함축한다. 이러한 의미에서 이치란 우선 보편성과 필연성을 가져야 한다. 보편성이란 누구에게도 항상 그러한 것을 말하고, 필연성이란 반드시 그렇게 되지 않으면 안될 것을 말한다. 그러므로 '논리'란 '생각이 진행하는 보편적이고 필연적인 길'이라고 할 수 있으며, '논리학'이란 '생각이 진행하는 이치를 탐구하는 학문'이라고 할 수 있을 것이다.

오래전부터 어떤 이치에 따라 생각을 진행시키는 것을 '추리(推理)'라고 불러왔다. 추리란 이미 알려져 있는 사실에 대한 판단으로부터 아직 알려져 있지 않은 사실에 대한 판단을 도출하는 생각의 진행을 말한다. 판단이란 어떤 사물이 어떤 상태에 있다는 사실을 마음속에 떠올리는 일종의 생각을 말하는데, 이것은 사고의 대상을 지칭하는 개념과 그 대상의 속성이나 상태를 지칭하는 개념의 동일성 또는 비동일성을 규정하는 형식으로 표현된다. 이러한 맥락에서 보자면 추리란 개념들과 개념들을 사용하는 판단으로 구성되는 생각의 흐름이라고 할 수 있다. 바로 이러한 추리의 규칙성 또는 이치를 탐구하는 것이 논리학의 과제인 것이다.

하나의 학문으로서 논리학의 기원은 고대 그리스의 엘레아학파의 창시자인 파르메니데스(540-470 B.C.)와 그 후계자인 제논(Zenon, 490-430 B.C.)의 여러 가지 논증들에서 발견할 수 있다. 그 이후 소피스트(Sophist) 철학 시대를 거치면서 단편적으로 발전해 온 논리학의 내용들은 고대 아테네 철학자 아리스토텔레스(384-322 B.C.)에 의해서 체계적으로 정리되었다. 아리스토텔레스에 의해서 정리된 논리학의 체계는 그 이후에도 많은 학자에 의해서 보완되거나 수정되었지만, 그 근본원리에 있어서는 지금까지도 변한 것이 거의 없다. 논리학은 실재하는 세계와는 무관하게 순전히 개념을 통해서 생각하는 것의 이치를 따지는 일과 관련된다.

오늘날 우리에게 논리학을 학습한다는 것이 어떤 의의가 있는지 따진다면 그것은 논리학에서 가르치는 논리가 여전히 학문함을 위한 기초라는 사실이다. 고대 그리스 철학자 아리스토텔레스의 후계자들이 아리스토텔레스의 논리학 관련 저술을 묶어 「오르가논(Organon, 기관 혹은 도구)」이라고 이름 지었듯이 실제로 논리학의 내용들은 오래전부터 여러 학문을 하기 위한 가장 기초적인 과목으로 가르쳐져 왔다. 물론 오늘날 모든 학문이 개념적 사유만을 통해서 이루어지는 것은 아니다. 그러나 개념을 방편으로조차 사용하지 않고 이루어질 수 있는 학문은 없을 것이다. 이러한 점에서 논리학에서 가르치는 논리는 오늘날에도 여전히 학문함의 기초로서의 의의가 있는 것이다.

오늘날 우리가 사용하고 있는 학문의 이름, 즉 심리학(Psychology), 생물학(Biology), 사회학(Sociology), 언어학(Philology) 등의 끝에 붙은 logy는 logos에서 온 말로서 학문으로서 성립하려면 logos가 필수적이다. 이러한 점에서 학문을 체계적이고 논리적이라고 부르는 것이다.

사례 연구

발명과 발견

'발견'이라는 개념과 '발명'이라는 개념을 구분하기 위해서 사전을 찾아보니 '발견'은 "남이 미처 찾아내지 못하였거나 세상에 널리 알려지지 않은 것을 먼저 찾아내는 것"이라고 정의되어 있고, 반면에 '발명'은 "그때까지 없던 기술이나 물건 따위를 새로 생각하거나 만들어 내는 것"이라고 정의되어 있다. 사실 우리가 일상생활에서 발견과 발명의 뜻을 서로 구별하여 사용하기란 그리 쉽지 않은 일이다. 위의 정의를 약간 더 세련되게 말하면 '발견'은 자연에 이미 존재하는 현상을 찾아내는 일이고, '발명'은 자연에서는 볼 수 없는 새로운 사물을 만드는 일이다.

좀 더 구체적인 예를 들어 설명하면 우리가 쓰는 '전기'는 발견이고 '전구'는 발명인 것이다. 인류가 전기를 쓰기 전부터 전기는 자연 상태에서 벼락이나 정전기의 형태로 있는 것이었는데, 사람들이 그것을 전기로 알아차린 것을 발견이라고 한다. 이처럼 우리가 모르고 있던 사실이나 물질, 물건 등을 알아내는 것이 발견이다. 반면 발명은 이전에 존재하지 않던 것을 만들어 내거나 존재하던 것을 개조하여 새롭게 만들어 내는 것이다. 컴퓨터, 원자폭탄, 축음기 등은 전자의 예이고, 타이어, 수소자동차 등이 후자의 예이다.

발견과 발명은 역사의 발전을 이끌어 왔다. 인류는 눈앞에 보이는 것들에서 규칙과 원리를 찾으려 애쓰면서 수많은 발견을 해냈다. 그리고 이 발견들은 다시 새로운 발견과 발명으로 이어져 왔다. 세포의 발견은 염색체와 유전자, 그리고 DNA의 발견으로 이어졌고, 뇌파를 측정하고 불임을 치료하는 등 의학적, 생물학적으로 유용한 발명도 낳았다. 인간은 하늘에 망원경을 들이댐으로써 새로운 항성과 행성과 은하를 발견했다. 원자의 발견은 양자론과 같은 새로운 이론들을 낳았고, 한편으로 원자폭탄 같은 무기와 원자력 같은 에너지원과 새로운 의료 장치들을 낳았다. 이처럼 발명과 발견은 떼려야 뗄 수 없는 관계에 놓여 있다.

이런 발견과 발명의 원동력은 인간의 호기심일 것이다. 불행히도 21세기를 살아가는 우리는 오랫동안 수많은 발명과 발견을 해 온 조상 덕분에, 컴퓨터와 휴대전화를 비롯해 안을 들여다보아도 알 수 없는 복잡한 발명품들과 들어도 무슨 말인지 이해가 안 되는 어려운 과학 이론들에 시달리고 있다. 그래서 우리는 남아도는 호기심을 감각적으로 눈과 귀와 손을 만족시키는 새로운 오락거리나 발명품에 쏟아붓게 된다.

그러나 철학적으로 조금 더 깊이 들어가 살펴보면, 인간의 발명은 아무리 혁신적인 것이라도 결국 '유로부터의 창조'다. 이에 비하여 종교적으로 기독교에서의 창조는 이른바 '무로부터의 창조(creatio ex nihilo)'라고 불린다. 하지만 '무로부터의 창조'라고 할 때 그 무는 또 어디에서 올까? 돌이켜 볼 때 지난 수 세기 동안 인류는 자연환경을 적대시하면서 살아왔다. 그것을 극복하려면 인간 정신을 드높이고 북돋워야 했다. 그리하여 일찍이 자연에 없었던 새로운 현상과 물건을 생성하면 발명이라고 불렀고 그것은 이른바 '인간의 창조'였다.

그러나 따지고 보면 인간 스스로가 바로 자연과 진화의 산물이다. 따라서 그로부터 나오는 모든 육체적 · 정신적 산물 또한 기본적으로 자연의 산물이다. 그러므로 발명과 발견은 본질적 차이로 구별되는 절대적 개념이 아니다. 하나의 현상을 두고 어떻게 해석 · 설명할 것인지에 대한 사고의 방식이자 어떻게 생각하며 살아갈 것인지에 관한 삶의 방식으로서의 상대적 개념이다.

출처: 김은철 외, 『철학적 리터러시 연습을 위한 에세이들』

1. 주어진 제시문의 각 단락에서 주장과 이유를 찾아 옮겨 적어 보자.

2. 주어진 제시문에서 보완하거나 비판할 점을 찾아보자.

3. 글을 읽고 자신의 생각을 정리하여 논리적 글쓰기를 표현해 보자.

07 Chapter 논리적 사고

논리적 사고 07

Chapter

1. 논리적 사고의 구성 요소

논리적 사고 작용은 개념과 판단 그리고 추리나 추론의 3가지 형태로 구분하는 것이 일반적이다. 우리가 무엇을 생각할 때, 일반적으로 먼저 그것이 무엇인지 판단한다. 예를 들어, 산에 있는 돌을 보고 그것은 돌이라고 판단한다. 만약 우리가 돌에 대한 개념이 없다면, 돌을 보고 돌이라고 하지 못하고 그저 지나가게 된다. 판단의 요소가 되는 것이 개념이다. "칸트는 철학자다."라는 문장에서 '칸트'와 '철학자'는 이 두 개념이 결합으로 판단이 성립한다. 하나 또는 둘 이상의 문장으로부터 새로운 판단인 결론을 만들 때 논리적으로 생각하기인 추리와 논리적으로 표현하기인 추론이 나온다. 예를 들어, "예술가는 아름다움을 창조하는 자다."와 "피카소는 예술가이다."라는 두 가지 판단으로부터 새로운 판단인 "피카소는 아름다움을 창조하는 자다."라는 결론을 얻게 된다면 그 과정을 추리나 추론의 과정이라고 한다.

논리학의 이와 같은 판단은 개념의 종합에서 성립하고, 개념은 판단을 전제로 성립한다. 추리나 추론은 판단을 전제로 성립하고 그것을 통하여 새로운 판단이 나온다. 논리적 사고 작용은 개념과 판단 그리고 추리나 추론의 3가지 작용의 상호작용으로 성립하는 것이어서 어느 하나의 작용만 중요시할 필요는 없다. 생각하는 문제는 논리학의 중심 문제라서 이런 논리적 사고의 3가지 구성 요소를 개념론, 판단론 그리고 추리론이라 한다.

1) 개념론

개념(槪念, Concept)이란 "어떤 특정한 사물을 지시하는 이름"을 말한다. 그런데 우리는 왜 특정한 사물에 특정한 이름을 부여하는가? 그것은 그 특정한 사물을 다른 사물들과 구별하여 인식하기 위해서이다. 이러한 구별을 위해서 우리는 일반적으로 "이것은 '산'이고 저것은 '강'이다."라는 식으로 말한다. 즉, 우리는 어떤 특정한 강가에 서서 그 강을 직접 지시하면서 "이것은 강이다."라고 말하고 멀리 보이는 어떤 특정한 산을 지시하면서 "저것은 산이다."라고 말함으로써 강을 다른 사물들로부터 구별하고 또 산을 다른 사물들로부터 구별하여 인식한다. 이 말에서 '강'이나 '산'은 각각 하나의 개념이라고 할 수 있다.

그런데 '강'이라는 개념으로써 우리는 지금 내가 지시하고 있는 이 특정한 사물만을 지시할 수 있는 것이 아니라 다른 여러 강들도 지시할 수 있다. 예컨대, 우리는 한강을 지시하기 위해서도 '강'이라는 개념을 사용하고 낙동강을 지시하기 위해서도 '강'이라는 개념을 사용하며, 심지어 나일 강이나 미시시피 강을 지시하기 위해서도 '강'이라는 개념을 사용한다.

그렇다면 개념이란 '특정한' 사물을 지시하는 이름이라는 위에서의 정의는 잘못된 것인가? 그렇지는 않다. 단적으로 말해서 우리는 '특정한' 사물을 지시하기 위해서 '일반적인' 이름을 사용하지 않을 수 없다. 예컨대, 모든 동물이 이동할 수 있다는 사실을 식물이 이동할 수 없다는 것과 구별하여 인식하기 위해서 우리가 '동물'이라는 일반적인 개념을 사용하지 않는다고 가정해 보자. 개, 고양이, 호랑이, 사자, 독수리, 거미 등 모든 동물을 빠짐없이 열거할 뿐만 아니라 '개'도 역시 일반적인 이름이므로 더 구체적으로 멍멍이, 발발이, 바둑이, 삽사리 등 개 하나하나의 고유한 이름들을 모두 망라해야 할 것이고, 또 '고양이'도 역시 일반적인 이름이므로 나비, 야옹이, 진이 등 고양이 하나하나의 고유한 이름들을 모두 망라해야 할 것이며, 호랑이 사자 등에 해당하는 고유한 이름들도 마찬가지로 모두 망라해야 할 것이다.

이처럼 우리가 특정한 사물을 지시하기 위해서 일반적인 이름을 사용하고 이 일반적인 이름을 개념이라고 한다면, 어떤 하나의 개념에 의해 지시되는 것은 특정한 하나의 사물이 아니라 그 특정한 하나의 사물을 포함하는 보편적인 그 무엇이라고 할 수 있다. 우리는 이러한 어떤 하나의 개념에 의해 지시되는 보편자, 즉 피지시체(被指示體)를 개념의 '의미(意味, meaning)'라고 부른다. 그러므로 엄밀하게 말한다면 개념이란 그것의 의미를 지시하는 이름이라고 해야 할 것이다.

그런데 개념의 의미는 현실적으로 존재하는 그 무엇이 아니라 우리의 사고를 통해서 만들어 낸 일종의 구성물이다. 그렇다고 해서 그것이 전적으로 허구적인 가공물인 것은 아니다. 오히려 그것은 현실적으로 존재하는 특정한 사물들을 지각하여 얻은 이미지들을 분석하여 여러 가지의 속성들로 나누어 보고, 그 속성들 각각을 비교하고 또 다른 사물들의 속성들과도 비교하여 그 속성 중에서 그 개념으로써 불릴 수 있는 모든 사물에 공통으로 속하는 속성들만을 추상(抽象: 개별의 사물이나 표상의 공통된 속성이나 관계 따위를 뽑아냄)하고 개별적인 사물에만 속하는 특수한 속성들을 사상(捨象: 어떤 사물 또는 표상에서 뽑아낸 본질적인 공통성 이외의 비본질적인 개개의 특수성을 고려하지 않고 버리는 작용)하여 구성한 의미체인 것이다. 우리가 이 어떤 보편자에 일정한 이름을 붙이게 되면, 그것이 바로 개념이다. 예를 들면, 여기에 예각삼각형, 직각삼각형과 둔각

삼각형 등이 있다고 할 때 이것을 비교 분석하여 그 예각, 직각과 둔각 등의 개별적이고 특수적인 속성을 무시하고 공통된 것만을 추려 뽑아낸다면 '세 개의 직선으로 둘러싸인 평면도형'을 총괄해서 그것을 '삼각형'이라고 이름 짓는 것이 개념이다.

이처럼 개념은 우리의 마음 안에 있다. 우리는 마음 안에 있는 개념을 밖으로 표출하기 위해서 언어를 사용하는데, 이러한 개념의 언어적 표현을 '명사'라고 한다. 따라서 개념은 하나지만 명사는 여럿일 수 있다. 예를 들어, '책'이라는 개념은 한국어에서는 '책'이라는 명사로, 영어에서는 'book'이라는 명사로, 독일어에서는 'Buch'라는 명사로 나타난다.

(1) 개념의 내포와 외연

모든 개념은 내포(內包, intension)와 외연(外延, extension)을 갖는다. 개념의 내포란 그 개념으로써 지시되는 사물들이 갖는 공통적인 속성의 총화를 말한다. 앞에서 보았듯이 하나의 개념으로써 지시되는 사물의 수는 하나 이상이며, 특히 그 수가 둘 이상일 때는 각각의 사물들이 갖는 여러 속성 중에서 공통적이고 본질적인 것만을 추상하여 보편자를 만든다. 이 보편자를 구성하는 필수적인 요소가 되는 속성들이 바로 개념의 내포이다. 예를 들어, '동물'이라는 개념의 내포는 "물리적인 공간좌표를 갖는 사물이다.", "생명을 갖는다.", "감각 한다.", "운동한다." 등이다.

반면 개념의 외연이란 그 개념으로써 지시될 수 있는 대상들(사물들)의 범위를 말한다. 예컨대, '동물'이라는 개념의 외연은 소, 개, 말, 돼지 등이다. 개념의 내포와 외연을 문법적인 차원에서 보면 내포란 동일한 하나의 주어에 붙을 수 있는 술어들의 총화라고 할 수 있고 외연이란 동일한 술어에 붙을 수 있는 주어들의 총화라고 할 수 있다.

이러한 개념의 내포와 외연은 개념에 고유한 두 가지의 측면이다. 그런데 여러 가지 개념 중에는 그 내포와 외연이 일치하는 개념이 있을 수 있는데, 이러한 관계에 있는 개념들을 동의개념(identical concept)이라고 한다. 즉, 동의개념이란 글자 그대로 그 개념의 의미가 동일한 개념들을 말한다. '서울'과 '대한민국의 수도', '아버지'와 '부친' 등은 동의개념들이다. 반면 내포는 다르나 외연이 일치하는 개념들이 있을 수도 있는데, 이 개념들을 동연 개념(equipollent concept)이라고 한다. '경주'와 '신라의 수도', '야훼'와 '알라' 등이 그 예이다. 즉, '경주'와 '신라의 수도'의 경우 그 외연은 일치하지만, '경주'가 옛 신라의 수도, 경주시청 소재지, 경주시민들이 사는 곳 등을 내포로 갖는 반면 '신라의 수도'는 금성, 신라 왕실이 있던 곳 등을 내포로 갖는다. 정리하면 동의개념은 내포와 외연이 모두 일치하는 개념이다. 반면 동연 개념은 내포는 다르지만 외연이 완전히 일치하는 개념이다.

다른 한 편, 여러 가지 개념 중에는 동일한 내포와 외연을 공유하는 개념들이 있을 수 있다. 예를 들어, '동물'이라는 개념과 '인간'이라는 개념은 상당한 양의 동일한 내포를 갖는다. 즉, '동물'은 물리적인 공간좌표를 갖는 사물이다. 생명을 갖는다. '감각 한다. 운동한다' 등의 내포를 가지며, '인간'은 '동물'이 갖는 내포를 모두 포함할 뿐만 아니라 그 외에도 '사고한다, 도구를 제작한다' 등의 내포를 추가적으로 갖는다. 이 두 개념은 상당량의 동일한 외연을 공유하기도 한다. 즉, '동물'은 '인간'의 외연을 모두 포함할 뿐만 아니라 이에 추가해서 소의 외연들, 말의 외연들, 개의 외연들 등을 갖는다.

그런데 '인간'과 '동물'의 예에서 보듯이 일정량의 동일한 내포와 외연을 공유하는 개념들 사이에는 그 내포와 외연의 양적 반비례라는 일정한 함수관계가 성립한다는 것을 알 수 있다. 즉, 내포의 양에서 보면 '인간'이 '동물'을 포함하는 반면 외연의 양에서 보면 오히려 '동물'이 '인간'을 포함한다. 이러한 함수관계를 정식화하면, "내포의 양이 증가하면 외연의 양이 감소하고 외연의 양이 증가하면 내포의 양이 감소한다." 이때 내포의 양이 증가하고 외연의 양이 감소하는 과정을 특수화라고 하고, 반면 외연의 양이 증가하고 내포의 양이 감소하는 과정을 일반화라고 한다. 그런데 우리는 개념의 의미를 명확하게 하기 위해서 의도적으로 이러한 특수화와 일반화를 진행시킬 수도 있다. 이런 경우 특수화를 한정(determination)이라고 하고 일반화를 개괄(generalization)이라고 한다.

(2) 유개념과 종개념

일반화의 계열에 있어서 상위에 있는 개념을 유개념(類概念, genus)이라고 하고 하위에 있는 개념을 종개념(種概念, species)이라고 한다. 다시 말하면, 유개념이란 외연상 보다 좁은 개념들을 개괄함으로써 이루어지는 개념이며 종개념이란 외연상 어떤 유개념에 포함되는 좁은 개념들이다. 유와 종은 개념 상호 간의 공통된 속성이 있을 때, 공통의 속성에 의해 개념이 포괄되는 경우의 관계를 나타내는 것으로 포괄하는 개념을 '유'라 하고 그것에 포괄되는 개념을 '종'이라 한다. 예를 들어, '존재'라는 개념은 '생물'이라는 개념의 외연과 '무생물'이라는 개념의 외연을 모두 포함하는 하나의 유개념이며, '존재'라는 하나의 유개념에 포함되는 '생물'과 '무생물'은 종개념들이다. 그런데 '생물'은 '동물'이나 '식물'에 대해서 하나의 유개념이며, '동물'이나 '식물'도 역시 그 하위의 개념들에 대해서는 하나의 유개념이다.

어떤 개념의 직접 상위에 있는 개념을 '최근유개념'이라 하고 직접 하위에 있는 개념을 '최근종개념'이라 한다. 예를 들어, 동물의 최근유개념은 생물이며 최근종개념은 인간, 소, 말 등이 된다. 그리고 같은 유개념에 포섭되는 일정한 종개념을 다른 종개념과 구별 짓는 그 종개념을 '종차'라고 한다. 예를 들어, 생물과 무생물의 구별이 생명의 유무에 있다고 볼 때 '생명'이 종차가 되는 것이다. 그리고 인간을 소, 말, 개, 돼지 등과 구별해 주는 종차는 '이성적'이라는 것이다.

(3) 모순개념과 반대개념

모순개념이란 동위개념으로서 그 질이 완전히 상반하여 서로 배척하고 중간에 제3자의 개입을 허용치 않은 두 개념을 말한다. 즉, 하나의 유개념에 속하는 종개념이 단지 두 가지의 개념으로만 나누어질 수 있고 이 두 가지 개념에 속하지 않는 외연이 있어서는 안 된다. 이 두 가지 종개념 사이에 외연이 전혀 중첩되지 않을 때, 이 두 개념은 서로 모순관계에 있는 것이다. 예를 들어, '인간'이라는 하나의 유개념에 속하는 두 가지 종개념 '남자'와 '여자' 또는 '지구 표면'에 속하는 '수면(水面)'과 '지면(地面)' 등이 모순관계에 있는 개념이다. 즉, '남자'에 대한 모순개념은 '여자'이고 '여자'에 대한 모순개념은 '남자'이며, 또 '수면'에 대한 모순개념은 '지면'이고 '지면'에 대한 모순개념은 '수면'인 것이다.

그런데 우리는 필요에 따라 임의적 또는 자의적으로 모순개념을 만들어 사용할 수도 있다. 어떤 개념에 '비(非)', '불(不)', '무(無)' 등의 부정접두사를 붙임으로써 그 개념의 모순개념을 만들 수 있다. '인간'에 대하여 '비인간', '도덕'에 대하여 '부도덕', '생물'에 대하여 '무생물' 등이 그 예이다. 그러나 이렇게 자의적으로 만들어진 개념들은 사실상 "어떤 하나의 사물을 지시하는 이름"이라는 본래 의미에서의 개념이라고 보기 어려운 점이 있다. 따라서 이러한 개념들은 순수하게 논리적인 필요에 따라 만들어진 개념이므로 논리적 모순개념이라고 불린다.

모순개념과 대비해서, 어떤 하나의 개념과 배타적인 선언 관계에 있지는 않으나 일반적으로 대립 관계에 있다고 생각되는 개념을 반대개념이라고 한다. 다시 말하면, 모순 관계에는 제3의 개념이 존재할 수 없지만 반대 관계에는 제3의 개념이 존재한다. 예를 들어, '색(色)'에 속하는 '백(白)'과 '흑(黑)', '계절'에 속하는 '여름'과 '겨울' 등은 각각 반대 관계를 이룬다. 즉, '백색'과 '흑색'이 대립 관계에 있다고 볼 수 있지만, 이 둘은 그 사이에 진하기에 따라 제3의 개념들이 존재할 수 있다는 점에서 이것은 모순 관계가 아니라 반대 관계인 것이다.

2) 판단론

모든 사물은 그 자체 내에 일정한 속성들을 가질 뿐만 아니라 다른 사물들과의 일정한 관계를 갖기도 한다. 이 때문에 모든 사물은 각각 어떤 상태를 띠게 되는데, 이때 어떤 사물이 어떤 성질을 가지고 있다거나 어떤 상태를 띠고 있다고 규정하는 사고작용을 판단(judgment)이라고 한다. 예를 들어, “이 장미꽃은 빨갛다.”, “소는 육식동물이 아니다.”, “이 책은 책상 위에 있다.” “지구는 태양의 둘레를 돌고 있다.” 등은 모두 판단이다. 이처럼 판단은 어떤 사물이나 존재에 관하여 그것이 어떠한 상태에 있는가를 표시하는 의미 형태이다.

그런데 우리는 왜 그와 같은 판단을 하는가? 단적으로 말해서 판단의 목적은 어떤 사물이나 존재에 대한 지식을 개념적으로 정립하는 데 있다. 예를 들어, 여기에 하나의 빨간 장미꽃이 피어 있다고 생각해 보자. 우리는 이 사물을 인식할 수 있다. 그런데 우리에게 인식된 것은 빨간색의 한 송이 장미 그 자체가 아니라 그 사물에 관한 다양한 형태의 정보들이다. 우리의 마음속에 이 정보들을 정리하여 저장하는 방법에는 여러 가지가 있겠지만, 개념을 통한 방법도 그 한 가지 방법이다. 따라서 우리는 한 송이의 빨간 장미꽃에 대한 정보를 ‘이 장미꽃’이라는 개념과 ‘빨갛다’라는 개념을 사용하여 “이 장미꽃은 빨갛다.”라는 판단의 형식으로 정리하여 우리의 사고 속에 저장할 수도 있는 것이다. 앞에서 예로 든 판단들도 모두 마찬가지이다. 즉, 우리는 ‘소’라는 개념과 ‘육식동물’이라는 개념을 사용하여 “소는 육식동물이 아니다.”라는 판단을 하고, ‘지구’라는 개념과 ‘태양의 둘레를 돌고 있음’이라는 개념을 사용하여 “지구는 태양의 둘레를 돌고 있다.”라는 판단을 한다.

지금까지의 예에서만 보더라도 판단은 항상 두 개의 개념을 갖는다는 사실이 나타난다. 이 중에서 하나의 개념은 판단의 대상이 되는 사물을 지칭하는 개념이고, 다른 하나의 개념은 그 사물의 속성이나 상태를 서술하는 개념이다. 전자를 주어 개념(Subject)이라고 하고 후자를 술어 개념(Predicate)이라고 한다. 이처럼 판단은 주어 개념과 술어 개념으로써 구성되지만, 그렇다고 해서 판단을 구성하는 것이 이 두 개념뿐인 것은 아니다. 이 밖에도 판단에는 주어 개념과 술어 개념을 연결해 주는 일종의 기능적인 역할을 하는 연계사(주어와 술어를 이어 주는 말)가 있다. 따라서 판단은 주어 개념과 술어 개념이 연계사를 통해서 통일되어 있거나 분리된 형식을 갖는다.

예를 들어, "이 장미꽃은 빨간색이다."라는 판단은 '이 장미꽃'이라는 주어 개념과 '빨간색'이라는 술어 개념이 '~은 ~이다'라는 연계사에 따라 통일되어 있는 형식이고, "소는 육식동물이 아니다."라는 판단은 '소'라는 주어 개념과 '육식동물'이라는 술어 개념이 '~은 ~이 아니다.'라는 연계사에 따라 분리되어 있는 형식이다. 그러므로 모든 판단은 "S는 P이다/아니다."라는 형식으로 정형화될 수 있는데, 이러한 정형화된 형식을 판단의 표준형식이라고 한다.

그런데 판단이란 '하나의' 또는 '동일한 한 종류의' 사물이나 존재의 속성이나 상태를 규정하는 사고형식임에도 불구하고 '두 개의' 개념을 사용한다는 것은 하나의 문제를 야기시킨다. 즉, 개념이란 하나의 사물이나 존재를 지칭하는 이름이므로 하나의 판단에 두 개의 개념이 사용된다는 것은 하나의 사물이나 존재 상태를 규정하는 데 두 개의 사물이 등장하는 셈이며, 바로 이것이 문제라는 것이다.

그러나 이것은 인간의 독특한 사고능력을 생각한다면 그렇게 심각한 문제가 아니다. 앞에서도 말했듯이 판단이란 일종의 지식이다. 지식으로서의 판단은 현실에 존재하는 사물이나 존재의 성질이나 상태 그 자체를 그대로 우리의 사고 속으로 가져온 것이 아니라 '개념을 사용하여' 우리의 사고 속으로 가져온 것이다. 이처럼 개념을 사용하여 지식을 획득하면서 우리의 사고는 '분석'과 '종합'이라는 특수한 능력을 발휘한다.

예를 들어, 여기에 붉은 장미꽃이 있다고 하자. 이 장미꽃에 대한 개념적 지식을 얻기 위해서 우리는 "이 장미꽃은 붉다."라고 판단할 수 있다. 이 판단에는 '이 장미꽃'과 '붉은 것'이라는 두 개념이 나타난다. 물론 이 두 개념은 각각 다른 사물을 지시하는 개념들이다. 그러나 이 판단이 지시하는 바로 "여기에 놓여 있는 이 하나의 붉은 장미꽃"이라는 현실에 있어서는 '이 장미꽃'이라는 것과 '붉은 것'이라는 것이 분리되어 있지 않다. 이처럼 인간은 현실에서는 분리되어 있지 않은 것을 사고 속에서 분리하는 능력을 갖추고 있다. 이러한 사고능력을 분석(analysis)이라고 한다.

그런데 이 판단은 이러한 분석에 그치는 것이 아니라 분석의 결과로 분리되어 있는 '이 장미꽃'과 '붉은 것'이라는 두 개의 개념을 연계사를 통해서 결합한다. 이러한 결합도 역시 인간의 사고능력이다. 이처럼 분리되어 있는 두 개의 개념을 사고 속에서 결합하는 능력을 종합(synthesis)이라고 한다. 이처럼 개념을 사용하여 어떤 사물이나 존재의 성질이나 상태를 파악하는 판단 작용에는 분석과 종합이라는 사고능력이 작용하고 있는 것이다.

그렇다 하더라도 여전히 하나의 문제가 있다. 즉, 판단이란 개념을 통해서 현실적인 사물이나 존재의 성질이나 상태를 파악한 일종의 지식이라고 하더라도, 이 판단은 우리의 '사고 속에' 형성되어 있는 것이고 이 판단이 지시하는 사물의 성질이나 상태는 '현실 속에' 있는 것이기 때문에 이들 양자가 서로 일치하지 않을 가능성이 있다. 만약 이러한 불일치가 발생한다면 문제는 현실에 있는 것이 아니라 우리의 판단에 있을 것이다. 따라서 우리의 판단은 참된 판단일 수도 있고 거짓된 판단일 수도 있다.

하나의 판단이 참된 판단일 때, 즉 판단과 그 판단에서 말해지고 있는 사물이나 존재의 성질이나 상태가 서로 일치할 때 이 판단을 진리(眞理, 참, truth)라고 하고, 반대로 하나의 판단이 거짓된 판단일 때, 즉 판단과 사물의 성질이나 상태가 서로 일치하지 않을 때 이 판단을 허위(虛僞, 거짓, false)라고 한다. 이처럼 판단과 사물의 성질이나 상태 사이의 일치-불일치를 통해서 진릿값을 결정하는 방법을 진리 일치설 또는 진리 대응설(correspondence theoryof truth)이라고 한다.

판단이 어떤 사물이나 존재의 성질이나 상태에 관한 규정이고 지식인 한에서 모든 판단은 진리이거나 허위이지 않으면 안 된다. 즉, 모든 판단은 진릿값(truth value)을 갖지 않으면 안 된다. 다시 말하면, 진릿값을 갖지 않는 것은 판단이 될 수 없다. 그런데 판단과 사물이나 존재의 성질이나 상태 사이의 일치-불일치가 진릿값을 결정하는 기준이라면, 우리는 그러한 일치-불일치를 어떻게 알 수 있는가?

우선 가장 단순하게 생각해 볼 수 있는 것은 우리의 감각에 의존하는 것이다. 즉, 어떤 사물이나 존재의 성질이나 상태를 우리의 감각기관을 통해서 지각하고, 그렇게 지각된 감각 내용을 우리의 판단과 비교해서 일치하면 우리의 판단은 진리라는 것이다. 그렇다면 우리가 직접적으로 감각을 통해 지각할 수 없는 사물이나 존재의 성질이나 상태에 관한 판단의 진릿값은 어떻게 결정될 수 있는가?

이러한 경우는 다시 두 가지로 구별해 볼 수 있다. 첫 번째는 전달의 방법이다. 예를 들어, "조선의 태조는 이성계이다."라는 판단을 보자. 지금 우리로서는 이 판단이 지시하는 사물이나 존재의 상태를 직접 확인할 수 없지만, 우리는 이 판단의 진릿값을 어떤 역사책을 통해서 간접적으로 확인할 수는 있다. 여기서는 물론 그 역사책을 쓴 사람이 그 사물이나 존재의 상태를 직접 확인했다고 믿는 믿음이 전제되며, 이 믿음의 정도를 높이는 것이 중요하다. 이러한 방법도 간접적이긴 하지만 크게 보아 대응설에 속하는 것이라고 할 수 있겠다.

두 번째는 어떤 판단과 그 판단이 속해 있는 전체 체계와의 정합성(整合性, coherence)을 통해서 그 판단의 진릿값을 결정하는 방법이다. 예를 들어, "인간은 가장 지혜로운 피조물이다."라는 판단을 보자. 이 판단도 역시 감각적으로 확인할 수 없다. 그러나 이 판단은 '창조론'이라는 하나의 이론체계에는 정합하지만 '진화론'이라는 이론체계에는 정합하지 않는다. 따라서 이 판단은 '창조론'을 전체 체계로서 인정하는 한에서만 진리일 수 있다. 이처럼 정합성을 통해서 진릿값을 결정하는 방법을 진리 정합설(coherence theory of truth)이라고 하는데, 이것은 하나의 전체 체계에 대한 믿음을 전제로 한다.

그런데 판단은 우리의 사고 속에 성립하여 있는 것이므로 이것을 표출하는 길은 역시 언어를 통한 표현밖에 없다. 이러한 판단의 언어적 표현을 명제(proposition)라고 한다. 명제는 모두 문장의 형식을 갖는 것이긴 하지만 모든 문장이 명제인 것은 아니다. 의문문이나 명령문과 같이 진릿값을 가질 수 없는 문장들은 명제가 아닌 것이다.

3) 추리론

앞에서 살펴본 것처럼 논리적 사고작용 중에서 가장 근본적인 사고형식이 판단이다. 이 판단 작용이 발전한 것이 추리이다. 추리(推理, inference)란 하나 또는 그 이상의 기지(이미 알려진 판단)의 판단으로부터 하나의 미지(새로운 판단) 판단을 도출하는 사고 과정을 말한다. 여기서 하나 또는 그 이상의 기지의 판단을 전제(前提, premise)라고 하고, 이로부터 도출되는 새로운 하나의 판단을 결론(結論, conclusion)이라고 한다. 따라서 추리란 주어진 전제로부터 하나의 결론을 도출하는 사고 과정이라고 할 수 있다.

그런데 추리에 있어서 전제가 기지의 판단이고 결론이 미지의 판단이라는 것은 무엇을 의미하는가? 우선 '기지'라는 말은 말 그대로 '이미 알려져 있는'을 의미하고 '미지'라는 말은 '아직 알려져 있는 않은'을 의미한다. 그런데 이미 알려져 있다는 것과 아직 알려져 있지 않다는 것은 과연 무엇이 이미 알려져 있고 무엇이 아직 알려져 있지 않다는 것인가?

그것은 단적으로 말해서 그 판단의 진릿값이 이미 알려져 있거나 아직 알려져 있지 않다는 것이다. 우리가 어떤 판단의 진릿값을 알고 있다는 것은 우선 그 판단이 지시하는 사물이나 존재의 상태를 직접 확인하거나 그것을 확인한 사람으로부터 그것에 대한 믿을 만한 정보를 얻을 수 있다는 것을 의미한다. 반면 우리가 어떤 판단의 진릿값을 아직 알고 있지 않다는 것은 그 판단이 지시하는 사물이나 존재의 상태를 직접적으로나 간접적으로 확인할 수 없다는 것을 의미한다. 이처럼 어떤 하나의 판단 진릿값을 대응의 방법을 통해서 알 수 없다면, 우리는 이미 진리라고 알고 있는 다른 판단들과의 논리적 관계에 따라 그 판단의 진릿값을 도출하는 방법을 사용할 수 있다. 이러한 측면에서 보자면 추리란 하나 이상의 전제를 기초로 하여 그것과의 논리적 관계에 의거하여 결론의 진릿값을 결정하려는 논리적 사고 과정이라고 할 수 있다.

그러므로 추리에 있어서 전제와 결론 사이에는 일정한 논리적 관계가 있어야 한다. 즉, 전제는 결론에 대하여 충분히 뒷받침하는 이유나 근거가 되어야 하며, 결론은 전제와의 엄밀한 논리적 정합성을 가져야 한다. 이처럼 어떤 추리의 전제와 결론 사이에 올바른 논리적 관계가 성립할 때 이 추리를 올바른(correct) 추리라고 하며, 그렇지 않은 추리를 올바르지 않은(incorrect) 추리라고 한다.

추리는 하나의 논리적 사고 과정이다. 사고 과정으로서의 추리가 표출되기 위해서는 역시 언어를 사용하여 표현할 수밖에 없다. 추리는 두 가지 이상의 판단으로 이루어지므로 그 언어적 표출도 두 가지 이상의 명제로 이루어진다. 이처럼 추리의 과정을 언어로 표현한 두 가지 이상의 명제가 연결되어 있는 명제들을 논증(論證, argument)이라고 한다.

논증이란 어떤 하나의 명제가 참이라는 사실을 증명하는 과정이라고 할 수 있다. 이때 증명되어야 할 하나의 명제를 결론이라고 한다면, 결론이 참이라는 것을 증명하기 위해서 제시되는 명제들을 전제라고 할 수 있겠다. 하나의 논증에 있어서 전제와 결론은 '그러므로', '따라서', '그래서', '~이기 때문에', '~이므로' 등과 같은 일종의 논리적 연결사에 의해 연결된다. 그러나 경우에 따라 결론이 먼저 표현되고 전제가 나중에 표현되는 방식도 있다. 이 경우에는 '왜냐하면', '그 이유는' 등과 같은 논리적 연합사를 사용한다.

2. 논리적 사고의 결과: 논증

1) 논증이란?

논증은 앞선 설명처럼 논리적으로 생각한 것을 말이나 글로 표현할 때 사용하는 논리적 사고의 결과다. 논증은 어떤 문제에 대하여 자기 나름의 주장을 펴고, 그것이 옳다는 것을 증명함으로써 상대방을 합리적으로 설득시키는 것을 일컫는다. 학술적으로 표현하면, 전제와 결론으로 이루어진 진술들의 집합이다. 여기서 전제의 다른 표현은 이유, 근거 또는 논거이고 결론은 주장 또는 논지이다. 논증의 목적은 설득이다. 부드럽게 표현하면 자신의 주장에 대하여 상대방의 동의를 요청하는 것이다.

논증이란 "어떤 주장(혹은 판단)이 정당하다는 것을 논리적으로 증명하는 것"이다. 여기서 어떤 주장이 정당하다는 것은 그 주장을 담고 있는 명제가 참(진리)이라는 것이고, 논리적으로 증명한다는 것은 그 명제가 참이라는 것을 논리적인 근거(이유)를 들어 밝힌다는 것이다. 논리학은 논증들이 올바른가의 여부를 결정하는 일과 관련되어 있으므로, 논리학의 방법들을 적용하기 전에 먼저 어떤 것이 논증인가를 확인할 필요가 있다. 논리학에 있어서 논증(argument)이란 어떤 하나의 명제가 다른 명제들로부터 도출되기 위하여 요구되는 명제들의 집합이며, 이것들은 어떤 하나의 명제가 진리임을 보증해 주는 근거 내지는 이유이다. 즉, 다른 진술을 뒷받침하거나 믿을 만한 논거를 제공하기 위해 주장되는 하나 혹은 몇 개의 전제들과 다른 하나의 결론으로 이루어진 일련의 진술들의 체계를 말한다. 따라서 명제 중 적어도 하나는 증거 내지는 그 무엇에 대한 이유를 제시해야 한다. 그 증거 내지는 그 무엇에 대한 이유가 그 무엇인가를 지지하는 주장이어야 한다.

논증은 명제를 그냥 모아 놓은 것이 아니라 반드시 그 구조를 지닌다. 모든 논증들은 다음과 같은 근본적인 그룹들에 속한다. 즉, 하나는 전제들이 실지로 결론을 뒷받침하는 논증들일 수 있고 또 하나는 그것이 비록 주장되고 있더라도 전제들이 결론을 실지로 뒷받침하지 않는 논증들이 있다. 전자는 훌륭한 논증들이라 하고 후자는 훌륭하지 못한 논증들이라고 한다. 논증들을 평가하는 학으로서의 논리학의 목적은 우리가 훌륭한 논증과 그렇지 못한 논증을 구분할 수 있게 하는 방법들과 기술을 개발하려는 데 목적이 있다.

이처럼 논증이란 용어는 논리학에서 매우 특수한 의미를 갖는다. 예를 들어, 이 용어는 부모나 배우자 혹은 친구와 단순히 말싸움하는 것을 의미하지는 않는다. 이 정의의 특징은 우선 하나의 논증은 일련의 명제들로 이루어져 있다는 것이다. 명제는 참 또는 거짓인 문장, 말하자면 서술문이다. 다음의 문장들은 명제들이다. "삼각형 내각의 합은 180도이다."라는 진술은 참이고, "소크라테스는 대한민국의 대통령이다."라는 진술은 거짓이다. 참과 거짓은 진술의 가능한 두 진릿값(truth value)으로 불린다. 따라서 첫 명제의 진릿값은 참이고, 두 번째 명제의 진릿값은 거짓이다.

이러한 명제와 달리 다음과 같은 문장들은 참 또는 거짓으로 말해질 수 없는 것들이 있다. 즉, 의문, 제의, 발의, 명령 그리고 감탄 등은 보통 명제일 수 없으며 또한 명제로 분류되지 않는다.

논증을 구성하는 명제는 하나 또는 그 이상의 전제들과 단 하나의 결론으로 나누어진다. 전제(premise)는 논거나 증거를 제시하는 진술들이고, 결론(conclusion)은 그 증거가 뒷받침하고 함의하기 위해 주장하는 진술이다. 여기에 논증의 한 예가 있다.

> 예정된 것은 모두 필연적이다.
> 모든 사건은 예정되어 있다.
> 그러므로 모든 사건은 필연적이다.

여기에서 “모든 사건은 필연적이다.”라는 명제가 결론이고, 다른 두 명제는 전제들이다. 전제가 결론을 뒷받침하거나 함의하는 주장은 ‘그러므로’란 단어에 의해 나타내어진다. 이 논증에 있어서 전제는 실지로 결론을 뒷받침하고 따라서 그 논증은 훌륭한 논증이다.

그러나 이 논증의 두 번째 전제, 즉 모든 사건은 예정되어 있다는 명제는 다음의 논증에서는 결론이다.

> 원인이 되는 다른 사건들의 결과인 사건은 모두 예정되어 있다.
> 모든 사건은 원인이 되는 다른 사건의 결과이다.
> 그러므로 모든 사건은 예정되어 있다.

어떤 명제도 하나만이 떨어져 있어서는 전제나 결론일 수 없다. 명제는 그것이 한 논증에서 하나의 가정으로 나타났을 때만 전제이다. 또한 명제는 한 논증에서 가정된 명제들로부터 나온다고 주장될 때만 결론이 될 수 있다.

올바른 논증과 잘못된 논증을 구별한다는 논리학의 과제를 수행하기 위해서 우리는 먼저 논증이 나타냈을 때 그것을 알아내어서 그 논증의 전제와 결론을 찾아내어야 한다. 즉, 논증을 분석할 때 중요한 과제 중의 하나는 전제와 결론을 구분할 수 있는 일이다. 종종 논증들은 전제와 결론을 확인하는 데 있어서 실마리를 제공하는 특정한 지시어, 즉 결론 지시어들을 포함한다. 하나의 명제가 지시어 중 하나로 시작할 경우에 그 명제는 보통 결론으로 확인될 수 있다. 이 결론이 확인되고 남는 다른 명제들은 전제들이다.

전제와 결론은 논증 속에서 그것의 위치에 따라 결정되는 것이 아니다. 전형적으로 논증의 결론임을 명시하는 결론 지시어를 우리는 다음과 같이 분류해 볼 수 있다. 즉, ‘그러므로’, ‘그리하여’, ‘그래서’, ‘따라서’, ‘결과적으로’, ‘~라는 귀결이 나온다’, ‘~의 결과로서’, ‘~을 수반한다’, ‘~임에 틀림없다’, ‘~라고 결론을 내릴 수 있겠다’, ‘~라 추론할 수 있다’, ‘~을 함의한다’, ‘이런 이유 때문에’ 등이 결론 지시어이다. 언제나 그런 것은 아니지만 이러한 결론 지시어들 가운데 하나가 나타나면 우리는 그것이 결론임을 안다.

그리고 논증의 전제임을 가리키는 용어들로서는 '왜냐하면', '~이기 때문에', '~하는 한에 있어서는', '~인 까닭에' '~라는 이유 때문에', '~을 고려한다면', '~에 의해서 지시되는 것처럼' 등이 있다. 우리는 이런 용어들을 전제 지시어라 하고 언제나 그런 것은 아니지만 이들 지시어가 나오면 전제로 간주한다.

2) 논증 확인법

논리학은 논증을 다루는데 이때 논증을 포함하는 구절과 그렇지 않은 구절을 구분할 줄 아는 것이 중요하다. 하나의 구절이 어떤 것을 증명하려는 의도를 가지려면 두 조건이 만족되어야 한다. 즉, 적어도 진술 중 하나는 증거나 이유를 제시하기 위해 주장해야 한다. 주장된 증거나 이유들이 어떤 사실을 뒷받침하거나 함의하는 그런 주장이 있어야 한다. 말하자면 증거나 이유들을 제시하기 위해 주장하는 진술들은 전제들이고 그 증거가 뒷받침하거나 함의하는 것으로 주장된 진술은 결론이다. 적어도 전제들은 증거나 이유들을 제시하기 위해 주장해야 하며 증거나 이유들이 어떤 사실을 뒷받침하거나 함의하는 주장이 있어야 한다.

첫 번째 조건은 사실적 주장인데 이 조건은 만족되는지 않는지를 결정하는 것은 보통 별문제를 일으키지 않는다. 따라서 우리가 관심을 가져야 할 부분은 이 두 번째 조건이다. 이 두 번째 조건은 추론적 주장이라 부른다. 그런데 이 주장은 결론으로 나타내어 명시할 수도 있고 아니면 문장의 글 속에 숨겨져서 암시적일 수도 있다. 명시적인 추론적 주장은 보통 전제나 결론 지시어들에 의해 주장된다.

> 만일 어떤 연극이 그 시즌 중 최고라면, 서울의 비평가들은 그것이 최고라고 말한다.
> 서울의 비평가들은 이 연극이 이번 시즌 중 최고라고 말한다.
> 그러므로 이 연극은 이번 시즌 중의 최고다.

'그러므로'라는 단어는 어떤 사실이 추론되고 있음을 주장하는 것을 표현한다. 그러므로 이 구문은 하나의 논증이다.

암시적인 추론적 주장은 만약 구절 속의 명제들 사이에 추론적 관계가 있을 때 존재한다.

> '자유로운 종교 활동'이라는 문제를 이 사건의 경우에 끌어들이는 것은 쓸데없는 일이다. 누구도 종교적인 수업을 받도록 강요당하지 않는다. 또 어떤 종교 활동이나 종교적인 가르침도 공공학교의 교실에 들어올 수 없다. 학생은 종교 교육을 받을 필요가 없다. 자신의 종교적 헌신에 관한 한, 만일 그런 것이 있다면 말이지만, 어떤 방식, 어떤 시간을 택하느냐 하는 것은 전적으로 자기 자신의 문제이다.

여기에서 결론은 첫 문장에 있는 "이 사건은 '자유로운 종교 활동'과 아무 관련이 없다."는 문장이다. 나머지 문장은 이 결론을 뒷받침하기 위한 근거로서 제시되고 있다. 첫 번째 문장은 결론이고 그 나머지 문장들은 추론적 관계로서 증거가 어떤 사실을 뒷받침한다는 주장을 암시적으로 구성하고 있다. 따라서 우리는 그 구문을 하나의 논증이라 부르는 것이 당연하다.

증거가 어떤 사실을 뒷받침하거나 함의하는 주장이 있는지 어떤지를 결정할 때 지시어와 그리고 진술들 사이에 추론적 관계가 있는지를 살펴보아야 한다. 그리고 다음 사항을 염두에 두어야 한다. 첫째, 지시어가 단순히 나타난다고 해서 논증을 제시하는 것은 전혀 아니다. 이 지시어들은 종종 전제나 결론이 있다는 것을 지시하는 것과 다른 용도로도 사용된다. 따라서 하나의 논증이 현존하는지를 결정하기에 앞서 이 지시어들이 실제로 전제와 결론을 지시하기 위해 사용되는지를 확인할 필요가 있다. 그리고 두 번째, 구절 속의 두 명제 사이의 추론적 관계가 있는지를 검사하기가 항상 쉬운 것이 아니며, 독자들은 결론을 내리기 전에 여러 번 구절을 살펴야 한다. 이 결정은(지시어에 대해서도 마찬가지로) 종종 여러 번의 해석을 통해 내려져야 할 경우가 있고 따라서 모든 구절에 대해 의견이 일치하지 않는다. 가끔 단 하나의 답만이 가능한 경우가 있는데 이것은 조건적인 구절이다. 즉, "만약 이 구절이 논증을 포함한다면, 하나는 전제들이고 다른 것은 결론이다."

3) 비논증적인 표현

첫째, 경고의 문구는 비논증적인 글이다. 예를 들어, "흡연은 폐암 등 각종 질병의 원인이 되며, 특히 임신부와 청소년의 건강에 해롭습니다."와 같은 경고는 문맥 속에서는 증거나 논거들에 의해 뒷받침되거나 함의되는 어떤 주장도 없다. 따라서 그것은 어떤 논증도 아니다.

둘째, 한 마디의 충고 또한 어떤 논증도 아니다. "자네는 하고 싶은 일보다는 꼭 해야 할 일을 먼저 하는 것이 좋다."와 같은 충고의 글들은 어떤 사람의 행동을 고칠 것을 목적으로 이루어지는 일종의 이야기다.

셋째, 신념이나 의견은 특정한 시간에 어떤 사람이 믿거나 생각하는 사건을 표현하는 것들이다.

> 현대철학에서 철학자들이 굉음을 내며 달려가는 자본주의의 기관차를 막을 수 있는 것은 아무것도 없다. 그렇다. 신이 인간을 만들고 나서 인간이 생각해 낸 가장 평등한 이념인 마르크시즘이 소련과 함께 붕괴되었을 때 우리는 이미 자본주의의 무한궤도에서 벗어날 수 없게 되었다. 한 나라의 붕괴로 인해 세계 경제가 맥을 못 추는 현상을 볼 때면 가끔씩 인간 평등과 인간 이성의 아름다운 단어들이 생각나곤 한다.

이 글이 나타내는 신념은 증거에 의해 뒷받침되거나 아니면 더 이상의 결론을 뒷받침하는 주장이 없어서 논증이 아니다.

넷째, 보고의 글들은 어떤 상황이나 사건에 대한 정보를 전달하는 일련의 문장으로 이루어져 있다.

> 이탈리아의 인공수정 전문의 세베리노 안티노리 박사(56)가 "내년 1월 첫 복제인간이 태어날 것"이라고 밝힌 지 하루 뒤에 나온 발표다. 클로네이드의 브리지트 브아셀리에 박사는 "미국인 2명, 아시아인 2명, 유럽인 1명 등 모두 5명의 여성이 복제인간을 임신하고 있으며, 이 중 미국인이 처음으로 여아를 출산할 것"이라고 말했다.

다섯째, 설명적 글은 일종의 담화로서 이는 하나의 주제 문장으로 시작하여 이 주제 문장을 전개시켜 나가는 하나 또는 더 이상의 문장으로 이어진다. 만약 목적이 주제 문장을 증명하는 것이 아니라 다만 해명하거나 설명하는 것이라면 논증은 아니다. 다음의 문장은 복제인간을 어떻게 만드는가를 설명하는 글이다.

> 귀나 피부 등 개인의 체세포를 떼어 낸 뒤 핵을 제거한 난자와 융합해 '복제 수정란'을 만든다. 이 수정란을 대리모의 자궁에 착상시켜 임신시키

> 면 복제아기로 자란다. 복제아기는 자신과 DNA가 똑같다. 나이 차이가 나는 일란성 쌍둥이와 비슷하다고 생각하면 된다.

여섯째, 예시는 특정한 주제에 대한 일련의 문장들로 구성되는데, 그 진술을 예증할 목적으로 하나 혹은 더 이상의 특수한 사례들로 이루어져 있다. 예시는 그들 중 많은 것이 '따라서'와 같은 지시어를 포함하기 때문에 논증과 종종 혼동된다.

> 화합물과 마찬가지로 화학 원소들도 분자식으로 나타낼 수 있다. 따라서 산소는 O_2로 나타낼 수 있고, 염화 나트륨은 NaCl로 그리고 황산은 H_2SO_4로 나타낼 수 있다.

이 글은 '따라서'를 포함하고 있어서 논증으로 오해하기 쉬우나, 어떤 것이 증거에 의해 뒷받침되는 주장이 없어서 논증이 아니다.

여기에서 제시된 비논증의 유형들은 상호 배타적이지 않다. 하나의 구절이 종종 예시, 설명적 구문, 의견의 진술 또는 막연하게 연결된 논증들로서 해석될 수 있다. 중요한 점은 특정한 구문이 어떤 종류의 비논증인지를 아는 것이 아니라, 그 구문이 논증으로서 또는 비논증으로서 가장 잘 해석될 수 있는가 없는가 하는 점이다.

사례 연구

대중문화에 대한 엘리트주의 관점

1989년 서울대학교 음악대학 교수였던 박인수가 대중가요 가수인 이동원과 함께 '향수'라는 노래를 불러 대중의 관심을 모았다. '향수'는 한국 전쟁 때 월북한 정지용 시인의 동명 시(詩)에 곡을 붙여 만든 것으로, 지금도 그 시대의 대중문화를 즐겼던 중년층에게 여전히 사랑을 받는 노래다. 그러나 정작 박인수 자신은 오페라 단체의 회원 자격을 박탈당하기도 하였으며, 같은 클래식 음악을 하는 동료들로부터 혹독한 비난을 받았다. 박인수 교수에게 이런 비난을 한 정통클래식 음악가들의 뇌리에는 대중음악이 어떤 모습으로 비추었을까?

아마도 그들은 대중문화를 천박한 것으로 보고, 그것의 미적 가치를 전혀 인정하지 않는 전형적인 엘리트주의자들이라고 할 수 있을 것이다. 우리의 현실은 여러 가지 측면에서 이러한 엘리트주의자들의 관점이 지배적인 관점으로 자리매김하고 있다. 예컨대, 초등학교부터 대학교에 이르기까지의 우리의 공식적인 예술교육(음악교육)은 전적으로 질 높은 고급문화(서구의 정통 클래식 음악)를 중심으로 이루어지고 있다. 게다가 문화(문화예술에 대한 사회적 담론(언론보도, 비평 등))도 대부분 엘리트주의적 태도를 보인다.

이러한 엘리트주의에 따르면, 대중문화는 익명에 의한 다수의 취향을 고려해서 생산되어야 하므로 필연적으로 그 질을 하향 평준화할 수밖에 없다. 대중문화에 대한 이러한 부정적인 관점은 '소수 엘리트주의자'의 대중의 취향에 대한 불신에서 출발한 것이다. 이들은 대중문화를 대중의 저급한 취향에 맞추어 대량생산된 문화상품일 뿐이라고 규정한다.

이러한 엘리트주의적 입장을 대표하는 이론가는 미국의 대표적인 대중문화 비판론자인 드와이트 맥도날드(Dwight Macdonld)이다. 그에 따르면 과거의 민족문화는 하위계층 자신의 필요성에 의해 자발적으로 만들어진 문화였지만 오늘날의 대중문화는 기업인이 고용한 기술자에 의해 가공된 것으로 위로부터 강요된 문화이다. 그리고 대중은 수동적이기만 한 소비자들이라서 그들이 할 수 있는 것은 일방적으로 공급되는 대중문화 상품을 살 것인가 말 것 인가를 선택하는 정도일 뿐이다. 게다가 대중문화는 대중들이 끊임없이 저급화된 문화를 즐기도록 조작함으로써 고급문화를 향유할 수 있는 기회를 원천적으로 가로막고 있다. 그러므로 대중문화는 대중들의 문화적 향유를 위해 공급되는 문화 콘텐츠의 하나라기보다는 오직 이윤을 위해 대중들에게 지속적으로 판매되어야 할 상품으로서 만들어지는 것이라고 할 수 있다.

또 그는 대중문화를 '동질화(표준화)의 문화'라고 정의한다. 즉, 대중문화는 세상에 다양하고 이질적으로 존재하는 문화를 획일화하고 동질화시킨다는 것이다. 예를 들어, 고급 교양 잡지라고 자칭하면서도 이라크전의 비참한 모습과 하와이 와이키키 해변에서 몸매를 과시하고 있는 비키니 차림의 여인 사진을 같은 지면에 동일한 비중으로 취급하는 잡지도 있다. 이처럼 대중문화는 이질적인 문화 내용을 혼합하고 융합하여 표준화시킨다.

출처: 김은철 외, 『철학적 리터러시 연습을 위한 에세이들』

1. 주어진 제시문의 각 단락에서 주장과 이유를 찾아 옮겨 적어 보자.

2. 주어진 제시문에서 보완하거나 비판할 점을 찾아보자.

3. 글을 읽고 자신의 생각을 정리하여 논리적 글쓰기를 표현해 보자.

08 Chapter 논리적 사고 개발

논리적 사고 개발 08 Chapter

1. 논리적 사고 개발

우리는 그 어느 때보다도 생각을 잘 해야만 하는 시대에 살고 있다. 그것은 현대 사회의 특성이 갈수록 다양화와 개인화 되어 가는 사회 상황은 우리가 끊임없는 선택을 하도록 요구하고 있으며, 그것은 다시 깊고 넓은 생각을 하도록 요구하고 있기 때문이다. 또한 사회 변화의 가속화와 경쟁의 첨예화는 우리로 하여금 그 선택과 그에 따른 생각을 보다 신중하고 현명하게 하도록 요구하고 있다. 예를 들어, 우리 앞에는 수없이 많은 갈림길이 놓여 있고, 어느 길이든 많은 다른 길들이 갈라져 있어서 끊임없이 선택해야만 하는 데다가, 어느 것이든 일단 선택하면 변화의 속도를 따라가야 하기에 정신없이 뛰어가지 않으면 안 되는 상황이라 하겠다. 이러한 상황에서 우리는 생각을 잘하지 않으면 안되는데, 바로 그 상황, 즉 '정신없이' 뛰어야만 하는 상황이 또한 우리로 하여금 생각할 여지를 박탈해 가고 있다. 이러한 아이러니를 독일 철학자 하이데거(Heidegger)는 "가장 생각을 요하는 이 시대에 정말 심각하게 생각해 보아야 할 점은 우리는 여전히 생각하지 않는다는 것이다."라고 지적하고 있다.

현대 사회의 또 다른 특성은 기계화와 정보화이다. 효율성과 효용성을 최고의 가치로 하는 현대 사회는 인간도 기계나 정보의 부품이 되기를 강요해 왔다. 그 결과 교육도 다양하고 깊은 사고와 사색을 바탕으로 한 성숙하게 서로 마음이 통하는 인간이 아닌, 규격화된 기능인, 기술자, 지성인이 아닌 지식인, 전문가들을 양산하는 체제로 고착되었다. 그 결과 인간의 가치나 본성은 경제적 이익을 위해 조작, 관리, 거래되며 통제되는 상품으로 전락하였다. 원래 삶을 영위하기 위해, 필요한 수단인 경제가 그 자체의 목적이 되어 버린 결과가 되었다. 이렇게 수단과 목적이 같아지고 전도된 상황에서는 '왜'라는 논리적으로 생각하는 능력이 절실하다.

우리의 일상적인 사고방식은 '어떻게'에 사로잡혀 우리가 살아가는 공동체를 능률과 효율을 중시는 경쟁 중심 사회로 전락시켰다. 이른바 '어떻게 지상주의'에서 '왜'라는 질문이 허용되는 사회로 변화를 모색해야 한다. 그 이유는 다음과 같다.

첫째, 인간성의 조건을 존재론적 측면에서 살펴보는 일이다. 인류 역사에 가장 유명한 명제 가운데 하나는 "인간은 생각하는 존재다."이다. 이것은 인간 생존의 필수 조건이자 인간성의 조건이라는 사실이다. 우리 삶에서 먹고 마시는 일을 빼놓을 수 없는 것과 마찬가지로 생각한다는 일을 빼놓을 수 없다. 인간은 배우든 못 배우든 생각하는 활동을 알게 모르게 우리 삶 속에서 하고 있다. 그러나 논리적으로 생각한다는 것은 사고의 질과 방향, 즉 효과 있고 올바르게 사고한다는 것이고 그것은 의식적인 노력인 학습을 통해서만 가능하다.

우리는 일상에서 불확실한 일에 대하여 의문을 품는다. 그 의문이 어떤 성격일 것이라고 보느냐에 따라 그 해결책을 찾는 방식이 달라질 수 있다. 모든 사람은 사물이나 존재에 대해 인식하지만, 누구나 같은 방식으로 하는 것은 아니다. 때에 따라 계산하고 추리하지만 언제나 정확하고 타당한 것만은 아니다. 정당성을 주장하고 상대방을 설득하기 위하여 논증하고 다른 사람의 그런 논증을 접하지만, 그것이 언제나 신뢰 있고 적합한 것은 아니다. 공정하다고 믿을 만한 사법기관 재판의 판결도 나중에 잘못된 것임이 드러날 때도 있다. 우리가 교묘한 선전이나 선동에 빠지지 않는다는 보장은 없고 우리가 행동할 때 늘 합리성을 추구한다고 할 수도 없다. 사실 우리는 자기 자신의 이익에 영합하거나 이전에 단정해 놓은 결론에 부합도록 여러 사실이나 증거에 대한 해석을 왜곡하려는 자기중심적 편향을 가지고 있다.

효과적으로 올바르게 사고한다는 것은 저절로 길러지는 것이 아니다. 그것은 효과 있고 바르게 사고하는 것이 무엇인지에 대하여 의식하고, 그것에 합당한 원리를 자신의 것이 되도록 갖췄을 때 촉진될 수 있다. 올바른 사고력, 예를 들어 논리적 사고와 비판적 사고는 의식적인 학습과 경험이 필수다.

두 번째 이유는 우리 삶의 상황적 조건과 관련된 것이다. 인류의 역사는 인간의 사고가 어떻게 발전해 왔는가를 밝혀 주고 동시에 다른 한편으로는 인간의 사고가 어떻게 잘못되어 왔는가를 기록하고 있다. 이런 역사적 상황과 관련하여 우리가 어느 때보다 올바르게 사고해야 할 필요성과 중요성이 절실한 이유는 다음과 같다.

첫째, 우리는 사회 구성원 한 사람 한 사람의 생각을 값지게 인정해 주고 그 구성원들의 생각이 공동체의 진로를 결정해 가도록 하는 민주주의 사회에로의 형성을 계속하고 있다는 점이다. 즉, 우리는 누구나 자유롭게 생각할 수 있으면서 그것에 상호 불편을 느끼지 않는 사회를 향해 나가고 있다. 생각할 수 있다는 것은 자유인 됨의 필수 불가결한 요소이다. 그러나 구성원 모두가 참 자유인이 될 수 있으려면 사회 구성원 모두가 효과적으로 올바르게 사고할 수 있을 때라야 가능할지 모른다. 서로 올바르게 생각하는 일이 무엇인지 모르고 그에 관련된 규칙을 지키지 않는다면, 그만큼 민주사회로부터 멀어지게 되는 것이다. 개인적인 문제나 사회적인 문제에 대해서 타당하다고 생각되는 견해를 떳떳이 밝힐 수 있고, 견해가 다른 상대와 설득력 있게 토론하고 협의할 수 있는 일, 주어진 정보, 의견, 주장에 대해서 건설적으로 비판할 수 있는 일, 자신의 문제나 공동체의 진로에 관한 문제에서 합리적으로 결정할 수 있는 일 등은 민주주의 사회에서 누구에게나 요구되는 기본적인 생활이다. 따라서 우리가 민주주의 사회를 지향하려고 한다면, 시민의 당면한 의무로서 올바르게 사고하도록 하는 일을 교육에서보다 적극적으로 다루지 않으면 안 된다.

둘째, 정보통신기술의 혁명으로 우리가 지금까지 경험하지 못했던 엄청난 정보환경에서 살고 있다는 점이다. 컴퓨터, 휴대전화 등 정보통신기술의 도움으로 우리가 필요로 하는 지식과 정보는 무엇이든지 소규모의 기기에 수집, 저장할 수 있고 통신망을 통해 어디에서나 그 접근이 가능할 수 있게 되어 있다. 또 컴퓨터는 인간의 두뇌로는 처리할 수 없었던 복잡하고 어려운 자료를 처리해 줄 수 있을 뿐만 아니라, 대량의 정보를 걸러 내어 그 속에 있는 미묘한 유형을 발견하게 하거나, 새로운 관계를 밝혀 주어 인간의 생각 폭을 넓혀 주고 상상력을 자극한다. 따라서 기존의 지식과 기술을 암기하는 것에서 필요한 정보를 획득할 수 있고, 그 정보의 가치를 평가하며, 필요한 정보가 없을 때는 그러한 정보를 스스로 탐구하는 등 고도의 정보처리 능력을 갖추어야 한다.

셋째, 오늘날 우리는 눈부신 과학 기술 문명의 발달에도 불구하고 그 삶을 송두리째 위태롭게 하는 절박한 문제들을 안고 있다는 점이다. 이러한 문제들이란 국내외에 존재하는 정치, 경제, 사회, 공학 분야 등에서의 불합리하고 비인간적인 구조, 자원고갈, 대기오염, 무한 경쟁, 전쟁 등과 같은 것이다. 이러한 문제들은 인류 공동의 문제로 확대되어 있으며, 우리들의 생존과 깊게 연결되어 있다. 그리고 현실적 상황들은 현존하는 인간의 지식과 과학이 이 문제들을 해결해 낼 수 있으리라는 낙관적인 기대도 가능하다. 그러나 이러한 문제를 해결하기 위해선 관련된 모든 분야의 지식과 기술을 통합하고 우리의 생각과 태도를 거시적 관점으로 바꾸는 총체적인 노력이 필요하다고 생각한다.

사실 이러한 문제들은 자연발생적으로 우연히 생긴 것이 아니다. 지금까지 우리 인간들이 우위에 두었던 경제적, 공학적 가치, 그러한 가치를 획득하기 위하여 사용하였던 사고 방법, 그리고 그러한 가치와 사고 방법을 기초로 부분적으로 분과화된 각 영역에서 의도적으로 취해졌던 미시적 결정 등이 축적되어 이루어 놓은 결과이다. 또한 산업사회를 선도해 온 원자론적 논리적 실증주의는 탐구의 기초를 측정할 수 있고 양화 할 수 있는 경험에 초점을 두었기 때문에 분석적이고 미시적 접근을 중시하게 된 문화적 편견을 낳았다.

이러한 미시적 안목이나 개념체계가 우리가 의식하기 시작한 거시적 문제의 해결에도 유용한 사고방식이 될 수 있는가? 우리가 당면하고 있는 위협적인 문제, 예를 들어 환경오염 같은 문제는 지금까지 우리 인간이 한 개인, 한 가족, 한 집단, 한 국가만을 중심으로 이루어졌던 미시적 결정의 축적을 통해서 나타난 현상인 것을 참작한다면, 이의 해결을 위해서 새로운 사고방식을 모색하지 않으면 안 된다. 이것에 대한 첫 출발은 그러한 문제들이 어느 개별적 수준에서만 한정된 것이 아니라 인류 전체의 운명이 걸려 있는 공동 관심사이며 이것은 우리들의 일상적 업무에만 골몰한다고 해서 무시될 수 있는 성질의 것이 아니라는 사실을 인식하는 일일 것이다. 문제를 관계적인 것으로 규명하고 총체적인 시야에서 해결을 찾으려는 논리적 사고방식이 필요하다고 생각된다.

이렇게 인간 공동체의 운명이 걸린 문제 등에 있어서 그 문제들을 새롭게 규명하고, 인간 전체의 삶과 관련하여 그 해결 방식을 새롭게 찾아 나서도록 우리는 다음 세대를 가르치지 않으면 안 되게 되었다. 이것은 바로 우리가 논리적 사고를 어떻게 하느냐에 달린 심각한 문제라고 생각된다. 지금까지의 논의를 통해서 우리가 교육에서 논리적 사고력 신장에 각별히 관심을 가져야 할 필요성에 대한 논거를 몇 가지 제시해 보았다. 우리는 이 논거를 통하여 교육에서 논리적 사고력을 길러 낸다고 하는 것이 무엇인지에 대하여 몇 가지 시사를 끌어낼 수 있다고 생각된다.

논리적 사고를 잘할 수 있게 하는 교육이 중요하다. 인간은 원래가 생각하는 일을 피할 수 없다는 존재론적 사실뿐만 아니라 오늘의 인간 삶의 조건이 어느 특정한 생활 방식에 고착되어 획일화되지 않도록 하는 상황적 사실에서 올바르게 생각하는 힘을 갖추어 주어야 할 필요성이 충분히 인정된다. 교육을 인간됨의 과정을 돕기 위한 의도적인 노력이라 가정한다면, 교육은 마땅히 논리적 사고를 잘하는 사람을 그 조건이 되도록 힘쓰지 않으면 안 된다. 그리고 그것은 단기간에 성취될 수 있는 성질의 과제가 아니라 교육의 전 과정에 걸쳐 장기적이고 지속해서 추구되어야 할 성질의 과제라는 것이다. 따라서 논리적 사고력 신장을 촉진하기 위한 교육은 그 성과를 단기간에 기대할 수 없다는 것에 유의해야 한다.

논리적 사고력을 발휘하는 사람은 아마도 그렇지 못한 사람과는 차이를 가지고 있을 것이다. 논리적 사고력은 우리의 삶 속에서 만나는 여러 가지 문제를 해결하는 데 동원될 수 있는 기능, 절차와 규칙들이 고려되어야 한다. 예를 들어, 언어의 올바른 사용, 추론의 규칙, 문제해결, 창의적 사고와 의사결정에 관련된 사고의 기능 등이 그것이다. 논리적 사고력 교육은 인간과 세계를 거시적으로 통찰할 수 있는 안목 형성에 관한 내용을 중요하게 고려해야 할 것이다. 문제를 해결하는 사고뿐만 아니라 문제를 발견하는 사고, 주어진 목표를 어떻게 하면 잘 달성할 것인가에 대한 사고뿐만 아니라 가치 체계에 대한 사고, 안전뿐만 아니라 모험을 감행하는 사고 등으로 사고 자체에 대한 우리의 안목을 넓혀야 한다.

2. 논리적 사고 기법

논리적 사고를 잘한다는 것은 개념을 분명하고 명료하게 사용하는 것을 통해 증명된다. 우리는 학문 활동뿐만 아니라 일상생활에서도 수많은 개념을 사용한다. 이러한 개념 사용에 있어서 가장 중요한 사항은 개념을 명석하고 판명하게 사용해야 한다는 것이다. 이때 어떤 개념이 '명석하다(clear)'라는 것은 그 개념의 외연이 다른 개념의 외연과 분명하게 구별될 수 있는 경우를 말하고, 어떤 개념이 '판명한다(distinct)'라는 것은 그 개념의 내포가 확실하게 판정될 수 있는 경우를 말한다. 이에 반해 어떤 개념이 명석하지 않으면 그 개념이 불명료하다(obscure)고 말하고, 어떤 개념이 판명하지 않았으면 그 개념이 혼란스럽다고 말한다. 불명료하고 혼란스러운 개념들을 사용한다면 생각이나 의도를 표현하거나 전달하는 데 많은 불편을 겪을 것이다. 따라서 개념을 명석하고 판명하게 사용할 수 있는 방법을 익히는 것이 중요하다. 명석하고 판명한 개념 사용을 위한 방법들에는 구분, 분류, 정의 등이 있다.

1) 구분과 분류

구분(區分, division)이란 어떤 개념의 외연을 분할하는 작업을 말한다. 더 구체적으로 말하면 구분은 하나의 유개념을 종개념들로 나누어 내는 것이라고 할 수 있다. 예를 들어, '인류'라는 개념은 '황인종', '백인종', '흑인종'으로 구분될 수 있으며, '과학'이라는 개념은 '인문과학', '자연과학', '사회과학'으로 구분될 수 있다. 이때 구분의 대상이 되는 유개념을 피구분체라고 하고 구분의 결과로 생기는 종개념들을 구분지라고 하는데, 구분에 있어서는 피구분체의 외연과 구분지

들의 외연의 총합이 서로 일치해야 한다.[1]

그런데 사실상 더 중요한 것은 구분의 기준이다. 동일한 하나의 개념도 구분의 기준에 따라 상이한 방향으로 구분될 수도 있다. 예컨대, '과학'은 그 대상을 기준으로 구분하면 '인문과학', '자연과학', '사회과학'으로 나누어지지만, 그 목적을 기준으로 구분하면 '순수과학', '응용과학'으로 나누어지기도 한다. 따라서 구분에 있어서는 적절한 구분의 기준을 정하는 것이 중요하다. 구분의 기준을 정할 때는 우선 그것이 구분지들의 본질적인 구별점인가를 고려해야 한다. 종차를 이용하는 것이 좋은 방법이다.

한 편, 분류(分類, classification)란 여러 가지의 개념 중에서 공통적인 속성들을 갖는 개념들을 모으고 이 공통적인 속성을 그 내포로 갖는 새로운 하나의 유개념을 발견하여 그 여러 가지 개념들을 바로 이 유개념 속에 종속시키는 작업을 말한다. 이러한 분류작업은 다음과 같은 과정을 거친다.

① '소', '말', '개', '독수리', '오징어', '개미', '지렁이' 등 여러 가지 개념들이 있다.
② 이 개념 중에서 '소'와 '말'과 '개'가 "그 생태에 있어서 새끼를 직접 낳아서 번식하며 일정한 기간 새끼에게 어미의 젖을 먹여서 기른다."라는 공통적 속성을 갖는다는 사실이 발견된다.
③ "그 생태에 있어서 새끼를 직접 낳아서 번식하며 일정한 기간 새끼에게 어미의 젖을 먹여서 기른다."라는 속성을 그 핵심적인 내포로 갖는 '포유류'라는 새로운 하나의 유개념을 만든다.
④ '포유류'라는 이 새로운 유개념이 '소', '말', '개' 등을 종개념으로 포섭하기에 적절한가 그렇지 않은가를 확인한다.

1) 구분의 3요소
가. 피구분체(被區分體, divisiable totality): 구분될 대상(유개념)의 외연 전체
나. 구분지(區分肢, members of division): 구분의 결과로 생겨나는 각각의 종개념
다. 구분의 원리(區分原理 : principle of division): 구분의 기준으로 사용되는 일정한 특징

이러한 분류작업으로서 유명한 것은 린네(C. v. Linne)의 생물분류법과 듀이(J. Dewey)의 도서분류법 등이 있으며, 또 '가나다…' 순서 또는 'ABC-...' 순서와 같은 사전식 낱말 배열도 일종의 분류법에 의거한 것이다.

2) 정의

(1) 정의의 목적

정의(定義, definition)란 말 그대로 어떤 개념의 의미를 명확하게 규정하는 작업이다. 이처럼 정의의 목적을 어떤 개념 의미의 명확한 규정이라고 한다면, 정의의 필요성은 정의를 필요한 사람이 어떤 개념의 명확한 의미를 모르고 있는 경우 또는 실제로 어떤 개념의 의미가 명확하게 규정되어 있지 않을 때 생긴다고 할 수 있다. 첫 번째의 경우는 개인적인 문제이며, 언어적 차원에서 말하자면 어휘력의 문제이다. 그런데 두 번째의 경우에는 사정이 다르다. 이것은 개인적 문제가 아니라 사회적 문제이다. 즉, 어떤 사람이 어떤 개념을 사용해서 어떤 사실을 진술하거나 자신의 견해를 주장할 때 그 개념의 의미가 그 진술이나 주장을 듣는 사람에게 명확하게 전달되지 않으면 안 된다. 그러나 개념 자체의 의미가 명확하게 규정되어 있지 않다면 진술이나 주장은 무의미하게 될 것이다. 이러한 경우는 다음과 같은 다양한 경우들에서 발생할 수 있다.

첫째는 새로운 개념을 사용할 경우다. 학문과 문화의 발전에 따른 새로운 사실의 발견이나 개발로 인해 실제로 많은 새로운 개념들이 발생한다. 이러한 새로운 개념들을 사용해서 사실을 진술하거나 의사를 전달하기 위해서는 그 개념의 정의가 선행되어야 한다.

둘째는 어떤 개념을 특정한 체계 내에서 특수하게 사용하는 경우이다. 예를 들어, 기독교의 교의 체계에서는 모든 인간을 신에 의해 구원되어야 할 피조물로 규정한다. 여기서는 분명히 '인간'이라는 개념을 특수하게 사용한다. 이러한 사용을 위해서는 우선 "인간이란 원죄를 갖는 피조물이다."라는 식의 정의가 선행되어야 한다.

셋째는 어떤 개념이 애매(曖昧, ambiguous)하거나 모호(模糊, vague)[2)]할 경우이다. 이러한 개념의 애매성을 제거하고 모호성을 최대한 줄이기 위해서는 그 개념에 대한 정의를 필요로 한다.

어떤 개념이 애매하다는 것은 그 개념이 다의적(多義的)이라는 것, 즉 그 개념의 의미가 두 가지 이상이라는 것이다. 사실상 우리가 사용하는 많은 개념이 애매한 것이긴 하지만, 우리가 대부분의 경우에는 그 개념이 사용되는 전체적 맥락에 의해서 또는 발화하는 음의 높낮이에 의해서 그 의미가 명확하게 규정될 수 있다. 그러나 경우에 따라서 어떤 문맥 속에 하나의 애매한 개념이 사용되면서 그 문맥상으로는 그 개념의 명확한 의미를 알기 어려울 때도 있다. 바로 이러한 경우에 정의가 필요한 것이다.

예를 들어, 갑이라는 사람이 을이라는 사람에게 아무런 말도 없이 "나는 밤을 좋아한다."라는 글이 쓰인 쪽지를 전달했다고 하자. 이 글을 읽은 을은 그 글만 보고서는 여기서 사용된 '밤'이라는 개념의 의미가 '夜(밤 야)'를 말하는지 '栗(밤나무 률)'을 말하는지 명확하게 알기 어려울 것이다. 이러한 경우 을은 갑이 '밤'에 대한 적절한 정의를 해 주기를 바랄 것이다. 마침 갑이 "이 경우의 '밤'은 밤나무의 열매를 말한다."라는 식으로 그가 사용한 '밤'을 정의해 준다면 애매성은 사라질 것이다.

한 편, 어떤 개념이 모호하다는 것은 그 개념의 외연의 범위가 명확하게 한계

2) 우리말 한자어 '애매'와 '모호'는 모두 '불명료하다'는 것을 뜻하는 낱말로 쓰이지만, 일반적으로 '애매'는 영어 'ambiguous'의 번역어로 '모호'는 영어 'vague'의 번역어로 엄밀하게 구별하여 사용된다.

지어질 수 없다는 것을 말한다.[3] 예를 들어, 갑이라는 사람이 어떤 영화를 보고 난 후 그의 친구 을에게 "이 영화가 예술적인지 그렇지 않은지 모르겠다."라고 말했다고 하자. 여기서 갑의 고민은 그 영화가 '예술적인 것'이라는 개념의 외연에 포함되는가 그렇지 않은가 하는 것, 즉 '예술적인 것'이라는 개념의 모호성이다. 이때 을이 갑에게 "예술적인 것이란 그것이 아름다움을 표현하는 경우를 말한다."라고 나름대로의 정의를 해 주었다고 하자. 물론 을의 이 정의 속에서 '아름다움'이라는 모호한 개념이 사용되고 있어서 '예술적인 것'에 들어 있는 모호성이 완전히 사라질 수는 없겠지만, 갑은 을의 이러한 정의를 듣기 전과 비교해서 그 모호성이 훨씬 감소했다는 것을 느낄 수 있을 것이다. 나아가 갑이 모호성을 좀 더 줄이기를 원한다면, '아름다움'에 대한 정의를 요구하면 될 것이다. 이러한 방식으로 정의를 계속해 간다면 모호성은 최대한 줄어들 수 있을 것이다.

이 밖에 개념의 의미를 명확하게 규정하려는 목적이 아닌 다른 특수한 목적에서, 즉 이론적 설명을 위해서 정의를 필요로 하는 경우들이 있다. 예를 들어, 아인슈타인(A. Einstein)은 "에너지는 질량 곱하기 상수(빛의 속도)의 제곱이다($E=mc^2$)."라는 정의를 내렸다. 이러한 방식의 정의는 분명히 '에너지'라는 개념의 의미를 명확하게 규정하려는 목적이 아니라 에너지와 질량의 등가성을 이론적으로 설명하기 위한 목적을 가지고 있었다.

일반적으로 인정되고 있었던 바와 같이 힘은 속도를 증가시키고 이 속도의 증가는 계속해서 운동에너지를 증가시킨다는 이론체계로는 아인슈타인의 "광속도

3) 모호하다는 것은 앞에서 말한 '불명료한(obscure)'이라는 것과 구별된다. 즉, 모호하다는 것은 어떤 한 개념의 외연의 범위가 어디까지인가를 규정하기 어렵다는 것이고, 불명료하다는 것은 어떤 하나의 외연이 이 개념의 외연인지 저 개념의 외연인지를 확정하기 어렵다는 것이다. 그러나 실제로 이 양자는 엄밀하게 구별되기 어려운 점이 많다. 예를 들어, 35세의 여성이 있다고 할 때 이 여성이 '중년여성'의 외연에 속하는지 그렇지 않은지를 명확하게 한정하기가 어렵기 때문에 모호하다고 하는 경우와 이 여성이 '중년여성'의 외연에 속하는지 '청년 여성'의 외연에 속하는지 확정하기가 어렵기 때문에 불명료하다고 하는 경우는 사실상 동일한 경우라고 해야 할 것이다. 우리가 사용하는 대부분의 개념들은 모호한 측면을 갖고 있다. 뿐만 아니라 실제로 그 모호성을 완전히 제거하기 어려운 개념들도 상당히 많다. 따라서 우리는 정의를 통해서 모호성을 완전히 제거하지는 못한다 하더라도 가능한 한 모호성을 줄일 수는 있다.

불변의 원리"가 설명되지 못한다. 왜냐하면 빛의 속도는 광원이나 관측자의 운동과 상관없이 일정하다는 원리에서는 빛의 속도보다 빨리 움직이는 물체가 있을 수 없으며, 따라서 이것은 계속적인 힘을 받는 물체의 속도가 무한하게 증가될 것이라는 기존의 이론과 엇갈리기 때문이다. 그러나 힘의 계속적인 증가가 운동에너지를 계속해서 증가시킨다는 것은 분명한 사실이기 때문에 광속도 불변의 원리와 속도의 무한증가설은 양립할 수 없다. 이러한 기로에서 아인슈타인은 "에너지란 질량 곱하기 빛의 속도의 제곱이다."라는 정의를 내림으로써 에너지와 질량의 등가성을 설명하고, 이를 통해 광속도 불변의 원리를 증명했다.

즉, 어떤 물체에 계속해서 힘을 가하면 그 물체의 속도는 빛과 같은 속도에 이르게 되지만 그 이상 빨라질 수는 없다. 그럼에도 불구하고 계속해서 힘을 가하면 그 힘은 물체의 속도를 증가시키는 데 쓰이지 않고 그 대신 물체의 질량을 증가시키는 데 쓰인다. 질량이 증가한다면 광속 이상의 속도의 무한 증가를 인정하지 않더라도, 다시 말하면 광속도 불변의 원리를 인정하면서도 동시에 운동에너지의 증가를 설명할 수 있게 되는 것이다. 이와 같이 정의는 이론적 설명을 위해서도 요구되는 것이다.

(2) 정의의 방법들

정의의 방법은 다양하다. 방법이 다양하다는 것은 어떤 하나의 개념을 정의함에 있어서 그 개념의 정의에만 적용될 수 있는 고유한 방법이 미리 정해져 있는 것이 아니라 그때그때의 경우에 따라 방법을 달리해서 정의할 수 있다는 것을 말한다. 다시 말하면, 동일한 하나의 개념이라도 그 방법에 따라 다르게 정의될 수 있다는 것이다. 그러나 이러한 방법상의 차이가 내용의 차이까지 포함하지는 않는다. 하나의 동일한 개념이 방법상 서로 다르게 정의될 수 있다고 하더라도 그 의미의 차이가 나타나서는 안된다는 것이다.

① 동의개념을 통한 정의

앞에서 말했듯이 정의란 어떤 개념의 의미를 명확하게 규정하는 작업을 말한다. 정의에는 여러 가지 방법이 있는데, 그중에서 가장 먼저 떠오르는 방법은 동의개념을 통한 정의이다. 사실상 정의의 대상이 되는 개념을 피정의체(被定義體, definiendum)라고 하고 정의에 사용되는 수단들을 정의체(定義體, definiens)라고 한다면, 정의란 피정의체의 의미를 그것과 동일한 의미를 갖는 정의체를 통해서 다시 규정하는 것이라고 할 수 있으며, 이러한 점에서 모든 정의에 있어서 피정의체와 정의체는 서로 동의적 관계에 있다고 할 수 있다. 따라서 동의개념을 통한 정의는 가장 간단하면서도 가장 바람직한 정의 방법이다.

그러나 이러한 동의개념을 통한 정의는 자칫하면 동어반복(tautology)에 빠질 수도 있다. 정의가 동어반복적으로 이루어진다면 개념의 의미를 명확하게 규정하는 작업이라는 정의의 본래적 목적을 충족시키지 못할 가능성이 많다. 즉, 앞에서 보았듯이 정의가 요구되는 상황이란 대체로 어떤 개념의 의미가 명확하게 드러나지 않은 경우에 발생하므로, 정의체가 피정의체의 반복에 불과하다면 이러한 동어반복적 정의체도 역시 그 개념의 의미를 명확하게 규정해 주지 못하고 있다는 점에는 변함이 없다는 것이다. 그러므로 정의는 그 의미가 명확하게 드러나지 않은 피정의체를 그 의미가 명확하게 드러나 있는 정의체를 통해 재규정하는 작업이어야 한다. 이러한 의미에서 동의개념을 통한 정의는, 예컨대 외국어(한자어 포함)를 모국어로 정의하는 경우와 같이 매우 제한된 경우에만 유의미한 작업이 될 수 있다. 동의개념(同義概念)을 통한 정의는 특정 단어 또는 개념을 설명할 때, 그와 유사한 의미를 가진 다른 단어나 개념을 사용하여 정의하는 방법이다. 이를 통해 사람들이 새로운 개념을 이해하거나 기존의 개념을 더 깊이 이해하는 데 도움을 줄 수 있다. 예를 들어, “행복은 기쁨과 만족을 느끼는 상태입니다.”라고 ‘행복’을 정의할 때 ‘기쁨’이나 ‘만족’과 같은 동의어를 사용하여 설명하는 것이다. 이와 같이 동의개념을 활용하면 정의가 좀 더 직관적이고 이해하기 쉬워질 수 있다.

② 외연을 통한 정의

외연을 통한 정의에는 우선 어떤 개념에 속하는 하나의 외연을 직접 경험하게 함으로써 그 개념을 정의하는 방법이 있는데, 이것을 명시(明示)적 정의(ostensive definition)라고 한다. 예컨대, 하나의 자동차를 직접 보게 한 후 "이것이 자동차다."라고 증명하거나 덜 익은 생감을 맛보게 한 후 "이것이 떫은 맛이다."라고 증명하는 것이 명시적 정의이다.

그런데 사실상 이러한 명시적 정의는 피정의체와 정의체의 의미가 서로 동일해야 한다는 올바른 정의의 조건을 충족시키지 못하는 것처럼 보인다. 즉, 위에서 든 첫 번째의 예에서는 '자동차'라는 개념이 피정의체이고 '이것'이라는 말로써 직접 지시되고 있는 하나의 자동차가 정의체인 셈인데, 이 경우에는 정의체가 피정의체의 의미를 완전하게 드러내어 주지 못하고 단지 그 의미의 일부분만을 드러내어 줄 뿐이라는 것이다.

이러한 한계 때문에 명시적 정의는 색깔, 소리, 맛, 냄새, 촉감 등과 같은 가장 기초적인 감각 내용이나 기쁨, 노여움, 슬픔, 즐거움, 두려움 등과 같은 가장 원초적인 감정을 정의하는 데 매우 효과적으로 사용된다. 왜냐하면 이것들은 직접적 경험 이외의 다른 방법으로써는 정의되기 어려울 뿐만 아니라 대표적인 하나의 외연에 대한 직접적인 경험만으로도 그 의미를 명확하게 드러내기에 충분하기 때문이다. 이러한 점에서 명시적 정의는 대표적 사례에 의한 정의(definition by example)라고 일컬어지기도 한다.

그렇다 하더라도 이러한 대표적 사례에 의한 명시적 정의는 여전히 정의로서 불충분한 점이 남는다. 왜냐하면 예컨대, 누군가가 덜 익은 풋감 하나 맛보는 것만으로는 아직도 '떫음'이라는 개념의 의미를 완전히 또는 충분히 이해했다고 보기는 어려우며 단지 떫다는 사실에 대한 하나의 느낌만을 가졌을 뿐이기 때문이다. 따라서 그가 그것을 개념으로서 이해하기 위해서는 그가 경험한 하나의 사례가 바로 대표적 사례라는 것을 이해할 수 있을 정도의 다양한 경험이 요구된다. 이것은 앞에서 본 개념의 발생과정과 관계된다. 이러한 점에서 위의 '자동차'

의 예는 사실상 명시적 정의를 적용할 수 없는 경우이긴 하지만, 예컨대 어린아이가 '자동차'와 같은 공간좌표를 갖는 사물을 지시하는 개념들을 이해해 가는 과정에 있어서는 명시적 정의로써 시작하는 것이 가장 효과적이라고 할 수 있다.

다른 한 편, 어떤 개념의 외연을 모두 열거하는 방법이 있는데, 이것을 매거(枚擧: 낱낱이 들어 말함)적 정의(enumerative definition)라고 한다. 실제로 하나의 정의에 있어서 정의체가 피정의체의 외연을 모두 열거하고 있다면, 그 정의체가 피정의체의 의미를 명확하게 드러내고 있다고 인정할 수 있으며, 따라서 매거적 정의는 올바른 정의 방법이라고 할 수 있다. 그러나 이 방법은 피정의체의 외연을 모두 열거하기 어려운 경우에는 사용할 수 없다는 난점이 있다. 따라서 예컨대, "성(性)이란 남성, 여성, 중성과 같은 것이다."나 "생물이란 식물과 동물을 말한다."와 같이 그 외연을 완전하게 열거하는 데 어려움이 없을 정도로 제한되어 있는 경우에만 사용될 수 있다.

그러나 실제로는 이러한 제한이 완화되어서, 정의체가 피정의체의 외연들을 '완전히' 열거하지는 못하더라도 '충분히' 열거한다면 올바른 매거적 정의로 인정되기도 한다. "과일이란 사과, 배, 감, 귤 등이다."라거나 "다각형이란 삼각형, 사각형, 오각형, 육각형 등이다."와 같은 정의가 그러한 경우이다. 물론 이러한 경우는 '등'이라는 말이 정의체에 열거되어 있지 않은 모든 외연들을 완전하게 암시할 수 있을 때만 가능하다.

③ 내포를 통한 정의

피정의체의 외연을 모두 열거하는 것이 정의의 한 방법이 될 수 있듯이 피정의체의 내포를 모두 열거하는 것도 정의의 한 가지 방법이 될 수 있다. 그러나 전자의 경우와는 달리 후자의 경우는 피정의체의 내포를 완전하게 또는 충분하게 열거하지 않고서도 피정의체의 의의를 명확하게 드러내는 매우 효과적인 방법이 있다. 피정의체의 최근 유개념과 종차를 통한 정의가 바로 그것이다.

이러한 정의는 "삼각형이란 세 개의 직선으로 둘러싸인 다각형이다."와 같은 형식으로 이루어지는데, 이때 '다각형'은 최근 유개념이고 '세 개의 직선으로 둘러싸인'은 종차이다. 여기서 종차는 다른 동위개념과 구별되는 피정의체의 본질적 속성인 대표적인 내포를 드러내고 있으며, 최근 유개념은 피정의체에 속하는 여타의 모든 내포를 암시적으로 드러내고 있다. 따라서 이 방식에 있어서는 사실상 정의체가 피정의체의 내포를 모두 드러내고 있는 셈이다. 그러나 이때 정의체는 피정의체의 내포들을 모두 열거하는 것이 아니라 본질적인 내포 하나만을 통해서 가장 효과적으로 모든 내포를 드러내고 있다. 이러한 의미에서 이것은 본질적 정의라고 일컬어지기도 한다.

그러나 이처럼 최근 유개념과 종차를 통한 정의가 내포적 정의에 속하는 것이라 하더라도 이러한 방법의 정의가 올바른 정의가 되기 위해서는 피정의체의 외연과 정의체의 외연이 서로 일치해야 한다는 조건이 충족되어야 한다. 이 조건이 충족되지 않을 경우 이러한 정의는 너무 넓은 정의가 되거나 너무 좁은 정의가 된다. 즉, 정의체의 외연이 피정의체의 외연보다 작을 경우 이것은 너무 좁은 정의가 되고, 정의체의 외연이 피정의체의 외연보다 클 경우 이것은 너무 넓은 정의가 된다.

예를 들어, "삼각형이란 길이가 동일한 세 개의 직선으로 둘러싸인 다각형이다."는 너무 좁은 정의이다. 이 경우 피정의체인 '삼각형'의 외연에는 정삼각형, 이등변삼각형, 부등변삼각형 모두가 포함되고 정의체인 '길이가 동일한 세 개의 직선으로 둘러싸인 다각형'의 외연에는 이등변삼각형과 부등변삼각형을 뺀 정삼각형만 포함되므로, 즉 정의체의 외연이 피정의체의 외연보다 작으므로 이 정의는 너무 좁은 정의라는 것이다. 여기서 보듯이 이 정의가 너무 좁은 정의로 된 이유는 이 정의에서 종차로 사용된 '길이가 동일한 세 개의 직선으로 둘러싸인'이라는 말 중에서 '길이가 동일한'이라는 불필요한 말 때문이다. 말하자면 이 경우에는 종차에 필요 이상의 속성이나 내포를 덧붙여 그 외연을 작아지게 한 것이 문제라는 것이다.

이와 반대로 너무 넓은 정의는 종차에 꼭 필요한 속성을 덧붙이지 않아서 오히려 외연을 증가시키는 잘못을 범하는 경우이다. 예를 들어, "정삼각형이란 세 개의 직선으로 둘러싸인 다각형이다."는 너무 넓은 정의인데, 이 경우에는 종차로 사용된 '세 개의 직선으로 둘러싸인'이 종차로서 충분하지 못하다는 문제가 있다. 그런데 이 종차가 왜 종차로서 불충분한가? 그것은 '세 개의 직선으로 둘러싸인'이라는 속성이 '정삼각형'의 본질적 속성이 아니라 우연적 속성이기 때문이다. 즉, '세 개의 직선으로 둘러싸인'이라는 속성은 정삼각형만이 갖는 속성이 아니라 이등변삼각형이나 부등변삼각형과 같은 동위개념들도 공유하는 속성이므로, 이 속성은 '정삼각형'을 여타의 동위개념으로부터 구분시켜 주는 종차로서 충분하지 않은 것이다. 따라서 이 정의가 올바른 정의가 되기 위해서는 종차에 '길이가 동일한'이라는 꼭 필요한 속성, 즉 '정삼각형'의 본질적 속성을 덧붙여야 하는 것이다.

뿐만 아니라 너무 넓은 정의는 최근 유개념을 적합하게 지적하지 못하는 경우에도 발생할 수 있다. 예컨대, "육각형이란 여섯 개의 직선으로 둘러싸인 도형이다."가 이 경우이다. 실제로 여섯 개의 직선으로 둘러싸인 도형에는 사면체도 포함된다. 따라서 '육각형'과 '사면체'를 구별하지 않으면 안 되는데, 여기서 우리는 '육각형'과 '사면체'가 서로 다른 유개념의 종개념으로 분류될 수 있다는 사실을 발견하게 된다. 즉, '육각형'은 '삼각형', '사각형', '오각형' 등과 함께 '다각형'의 종개념으로 분류되고, '사면체'는 '오면체', '육면체', 등과 함께 '다면체'의 종개념으로 분류되는 것이다. 그리고 다시 '다각형'은 '원' 등과 함께 '평면도형'이라는 유개념의 종개념으로 분류되고, '다면체'도 '구', '원뿔', '원주' 등과 함께 '입체도형'이라는 유개념의 종개념으로 분류되며, '평면도형'과 '입체도형'은 다시 '도형'이라는 유개념의 종개념으로 분류될 수 있다. 따라서 '육각형'의 최근 유개념은 '도형'이 아니라 '다각형'이며, 위의 정의도 "육각형이란 여섯 개의 직선으로 둘러싸인 다각형이다."로 수정되어야 한다.

고대 그리스 아카데미아의 학원에서 플라톤의 후예들이 '인간'을 정의하기 위해 토론한 끝에 “인간이란 깃털이 없는 두 발 달린 동물이다.”라는 정의를 내리고 이를 자랑삼아 일반에 공표했다. 그런데 어느 날 밤 누군가가 깃털을 다 뽑은 닭 한 마리를 아카데미아의 담장 너머로 던져 넣었다. 아침에 일어난 아카데미아의 생도들이 이를 보고서는 자신들이 내린 정의가 너무 넓은 정의임을 깨닫게 되었다. 그리하여 이들은 ‘인간’과 ‘깃털을 모두 뽑아 버린 닭’을 구분하기 위하여 토론한 끝에 인간의 속성과 닭의 속성 사이에 차이점을 발견하게 되었는데, 그것은 인간의 경우에는 발톱이 넓고 닭의 경우에는 발톱이 좁다는 것이었다. 따라서 그들은 정의항에 ‘발톱이 넓은’이라는 말을 덧붙여 “인간이란 발톱이 넓은 깃털 없는 두 발 달린 동물이다.”라는 정의를 내렸다.

이 이야기는 물론 하나의 우스갯소리로 전해지고 있는 것이지만, 실제로 아카데미아의 생도들이 내린 정의는 “인간이란 이성을 갖는 동물이다.”라는 정의보다 효과적이지 못하다. 그러나 우리는 여기서 최근 유개념과 종차에 의한 정의가 잘못되었을 경우 그것을 수정하는 방법을 배울 수 있다. 즉, 여기서는 너무 넓은 정의의 경우 정의항의 외연 중에서 피정의체의 외연과 일치하는 것 이외의 나머지 외연을 제거하는 방법인 구분법이 잘 나타나고 있다.

④ 발생적 정의와 조작적 정의

어떤 하나의 개념에 의해 지시되는 하나의 대상이 어떠한 조건 아래에서 발생하는가를 서술함으로써 그 개념을 정의하는 방법을 발생적 정의(genetic definition)라고 한다. 예를 들어, “수증기란 물을 가열했을 때 생기는 기체이다.”나 “구(球)란 하나의 정점에서 일정한 거리를 두고 있는 다른 한 점이 그 정점과 등거리를 유지하면서 운동하였을 때 생기는 궤적을 그린 도형이다.”와 같은 경우가 발생적 정의이다.

다른 한 편, 어떤 하나의 개념에 의해 지시되는 하나의 대상이 일정한 조작적 조건이나 장치 아래에서 어떤 현상을 일으키는가를 서술함으로써 그 개념을 정의하는 방법을 조작적 정의(operational definition)라고 한다. 예를 들어, “알칼리란 그 속에 붉은색 리트머스시험지를 넣었을 때 이 시험지를 푸른색으로 변화하게 하는 용액이다."와 같은 경우가 조작적 정의이다.

(3) 정의의 규칙들

① 순환적이어서는 안된다.

이것은 피정의체가 정의체 속에 다시 나타나서는 안된다는 규칙이다. 예를 들어, "사과란 사과나무에서 열리는 열매이다."라든지 "선(善)이란 선한 사람의 행위를 나타내는 징표이다."라는 식의 정의는 순환적인 정의이다. 이러한 경우는 정의란 어떤 개념의 의미가 명확하게 드러나지 않을 때 요구된다는 사실을 무시하고 있는 것이며, 궁극적으로 이러한 정의의 요구를 충족시킬 수 없다. 따라서 순환적인 정의는 올바른 정의가 아니다.

② 모호한 개념을 사용해서는 안된다.

이것은 정의체에 피정의체보다 더 모호한 개념이 들어 있어서는 안 된다는 규칙이다. 예를 들어, "행복은 좋은 느낌이다." 여기서 '좋은 느낌'은 매우 주관적이고 모호한 표현이다. 사람마다 '좋은 느낌'이 다를 수 있기 때문에, 이 정의는 명확하지 않다. 또는 "유능한 사람은 일을 잘하는 사람이다." 여기서 '잘하다'는 구체성이 부족한 모호한 표현이다. 어떤 면에서 잘하는지를 명확히 설명하지 않기 때문에, 정의가 불분명하다. 이처럼 정의체에 모호한 개념이 들어 있다면 피정의체의 의미를 명확하게 확정하려는 정의의 궁극목적에 위배되므로 정의체에는 피정의체보다 더 모호한 개념이 들어 있어서는 안 되는 것이다.

③ 비유적이거나 상징적이어서는 안된다.

이것은 비유나 상징을 통해서 피정의체를 정의하려고 해서는 안된다는 규칙이다. 예를 들어, "사랑이란 눈물의 씨앗이다."라든지 "공산주의자란 빨갱이이다."라는 경우가 그것이며, "인간이란 어려서는 네 발로, 장성해서는 두 발로, 늙어서는 세 발로 걷는 동물이다."와 같은 대부분의 수수께끼 정의는 항상 비유나 상징을 포함한다. 물론 경우에 따라서 비유나 상징은 어떤 개념의 의미를 매우 효과적으로 밝혀 주기도 하지만, 궁극적으로는 그 개념의 의미를 보편적인 차원에서 드러내지 못하고 다만 주관적으로만 드러내기 때문에 그것의 주관적 해석에 따라 의미가 다의적으로 나타날 수 있다. 이처럼 한 개념의 의미를 보편적인 차원에서 확정할 수 없는 정의는 피해야 한다.

④ 긍정으로 표현할 수 있는 것을 불필요하게 부정으로 표현해서는 안 된다.

이것은 정의체에서 피정의체의 동위개념들을 부정적으로 열거하는 방식을 써서는 안 된다는 규칙이다. "삼각형이란 사각형도 아니고 오각형도 아니고 육각형 등도 아닌 다각형이다."와 같은 정의에 있어서 정의체가 피정의체의 의미를 명확하게 규정하지 못한다는 것은 자명하지만, 설사 이러한 정의를 통해서 그 의미를 어느 정도 명확하게 규정한다 하더라도 이러한 방식의 정의는 효과적이지 못하다. 물론 "중성이란 남성도 아니고 여성도 아닌 성이다."와 같이 부정적 표현을 통해서만 정의될 수 있는 개념들도 있다. 그러나 긍정적 표현을 통해서 정의할 수 있는 것을 불필요하게 부정적 표현을 통해서 정의하는 것은 무의미하다.

사례 연구

프로메테우스 신화를 통해서 본 과학기술의 의미

티탄신들과의 전쟁을 치룰 때 티탄신이면서 제우스 편에 서서 싸운 프로메테우스(Prometheus, 먼저 아는 자)와 에피메테우스(Epimetheus, 나중에 아는 자)는 올림포스 신들의 승리로 전쟁이 끝난 후 제우스로부터 생명체들을 만들라는 명령을 받고 지상에 내려왔다.

프로메테우스가 물과 흙을 빚어 여러 가지 생명체를 만들어 내면 에피메테우스는 그 생명체에게 각기 적당한 특징들을 부여하였다. 어떤 그것에는 날카로운 발톱을, 어떤 그것에게는 날개를 달아 주었다. 또 어떤 것은 단단한 껍질을, 어떤 것은 빠른 발을 부여받았고 어떤 것은 물속을 헤엄칠 수 있게 되었다.

그렇게 수많은 생명체를 창조한 후 마지막에 이르러 프로메테우스는 신들의 형상을 빌어 인간(남자)을 만들어 내었다. 하지만 그 인간에게 영혼이 주어지고 에피메테우스에게 보내어지자, 문제가 발생하였다. 그러나 어리석은 에피메테우스는 자신이 줄 수 있는 재능을 다른 동물들에게 다 나누어 주어 인간의 차례가 되어서는 줄 것도 없었다.

이때 프로메테우스가 내려와서 인간들에게 불을 줄 것을 제안하였다. 하지만 제우스를 비롯한 신들은 이에 반대했다. 인간들이 불을 사용하게 되면 결국에는 신들을 우습게 여기고 경배하지 않게 되리라는 것을 알았기 때문이다. 하지만 인간이란 존재는 너무도 허약하게 만들어져서 자신을 보호할 힘이나 특징이 아무것도 없었기에 만일 불이 없이 그들을 그대로 세상에 내보내게 된다면 금방 멸망해 버릴 것이 뻔하였다.

그래서 프로메테우스는 몰래 하늘로 올라와 태양의 마차에서 불을 훔쳐 내어 인간들에게 주고 사용하는 법을 가르치니 인간들은 다른 동물들과는 달리 불을 두려워하지 않게 되었다. 뿐만 아니라 그 불을 이용해서 추위도 견딜 수 있게 되었고, 여러 가지 연장과 무기를 만들 수 있게 되었다. 이것이 기술의 시작이다.

이상의 프로메테우스의 신화에서 나오는 불은 인간에게 과학기술의 근원이라고 할 수 있다. 불을 이용해서 인간은 생존에 필요한 여러 가지 도구를 만들었고 그 도구들이 결국 인간을 현재와 같은 과학기술의 시대로 이끌었다. 그러나 인간은 과학기술의 발달로 인해 얻은 힘을 너무 맹신했다. 그리하여 예전에 경외하던 자연의 거대하고 신비로운 힘을 과학기술로 누르려고 했다.

다른 시각에서 보면, 불을 통해 인간의 문명이 발달할 수 있었듯이 불이란 기술문명을 의미한다. 그러나 인간은 기술문명의 진보적 발전에 대한 맹목적 믿음이나 호기심으로 인하여 금기의 영역에 접근을 시도한다. 예를 들면, 더 많은 고기를 생산하고자 양고기를 갈아 소에게 먹인 것이 광우병이란 재앙이 되어 나타났듯이, 금기의 영역에 대한 과학기술의 접근은 여러 가지 부작용을 초래하고 있다.

이는 곧 과학기술의 양면성을 뜻한다고도 할 수 있다. 인간의 호기심은 과학기술을 진보하게 하는 원동력이었지만, 다른 한편으로는 인류에게 재앙을 끼친 것 역시 호기심이었다. 다시 말해, 과학기술이 인간에게 무한한 발전을 제공했지만, 그로 인한 폐해 역시 과학기술 때문일 것이다. 그렇다고 오늘날 우리가 지금 당장 과학기술로 인해 나타나는 재앙에 좌절하여 과학기술의 진보적 발전을 포기하자는 이야기는 아니다. 즉, 인간에게는 여전히 남아 있는 '희망'이라는 비밀의 열쇠가 있다. 그러므로 '희망'이라는 비밀의 열쇠인 과학기술은 인간이 발전하는 동기이자 과학기술 발전의 종착역이라 할 수 있다.

출처: 김은철 외, 『철학적 리터러시 연습을 위한 에세이들』

1. 주어진 제시문의 각 단락에서 주장과 이유를 찾아 옮겨 적어 보자.

2. 주어진 제시문에서 보완하거나 비판할 점을 찾아보자.

3. 글을 읽고 자신의 생각을 정리하여 논리적 글쓰기를 표현해 보자.

09 Chapter 논리적 사고의 실제

논리적 사고의 실제

Chapter 09

1. 연역추리

1) 추리란 무엇인가?

나비가 생물이라면, 나비는 무생물일 수 없다는 사실을 우리는 알게 된다. 또는 소크라테스가 사람이고, 사람은 죽는다는 것을 알게 되면, 우리는 소크라테스가 죽는다는 것을 알 수 있게 된다.

이처럼 이미 알고 있는 하나 또는 그 이상의 판단을 토대로 해서 새로운 판단을 이끌어 내는 논리적 절차를 추리라고 한다. 위의 첫 번째 예처럼 하나의 판단에서 새로운 판단을 이끌어 내는 경우 직접추리라고 하고, 두 번째 예처럼 두 개의 판단에서 새로운 판단을 이끌어 내는 경우 간접추리라 한다.

추리가 언어로 표현되었을 때 그것은 추론이 된다. 예컨대, 위의 예에서 소크라테스가 사람이고, 사람은 죽는다는 것을 토대로 소크라테스가 죽는다는 것을 생각하는 절차는 추리이고, 이것을 말이나 글로 표현하면 그것은 추론이 된다.

논리학에서 다루는 추리론은 우리의 심리적 과정이나 절차를 일일이 문제 삼는 것이 아니라, 추리 과정에서 판단의 언어적 표현인 명제들의 관계를 다룬다.

추리란 이미 알려진 판단에서 새로운 판단을 이끌어 내는 것이므로, 거기에서는 적어도 두 개 이상의 명제들의 상호관계가 성립되며, 이것들은 반드시 일정한 방식으로 연결되어 있어야만 한다. 새로운 판단을 이끌어 내는 데 토대가 되는 명제를 전제라고 하고, 이것을 토대로 새로이 도출된 판단을 표현한 명제를 결론이라고 한다. 그리고 전제와 결론을 연결시켜 주는 말을 연결어(連結語)라고 한다. 따라서 추론은 전제, 연결어, 그리고 결론으로 이어진다.

예 1: (하나의 전제에서 결론을 이끌어 내는 경우: 직접추리)
나비는 생물이다. (전제)
따라서(연결어), 나비는 무생물이 아니다. (결론)

예 2: (두 개의 전제에서 결론을 이끌어 내는 경우: 간접추리)
소크라테스는 사람이다. (전제)
사람은 죽는다. (전제)
그러므로(연결어), 소크라테스는 죽는다. (결론)

어떤 전제로부터 결론을 이끌어 낼 경우, 그러한 행위를 논리적 추리라고 하고, 결론이 옳게 이끌어 내어졌을 경우에는 그것을 타당한(valid) 추리라고 하며, 결론이 옳지 않게 이끌어 내어졌을 경우에는 그것을 부당한(invalid) 추리라고 한다.

추리를 할 때 그것이 타당한 추리가 되기 위해서는 전제와 결론 간에 논리적 일관성이 있어야 한다. 따라서 그 전제에서 그 결론이 필연적으로 이끌어졌다는 점이 중요한 것이다. 타당한 추리에는 우연성이 끼어들 여지가 없으며, 그에 따라서 필연적인 논리적 법칙이 있게 되고, 그것이 지켜졌을 때 비로소 타당한 추리가 된다.

그러므로 추리에 있어서의 전제는 결론을 필연적으로 이끌어 내는 한에서만 전제이고, 결론도 어떤 전제에서 필연적으로 귀결되는 한에 있어서만 결론이다. 어떤 명제도 그 자체로는 전제도 결론도 될 수 없다. 또한 우연히 어떤 전제에서 어떤 결론이 이끌어내어 졌다면, 우연의 오류 또는 거짓된 원인의 오류를 범하는 것이 되고, 사실상 그것들은 전제와 결론의 관계가 잘못 성립된 것이므로, 그것들은 참으로는 전제라고도 결론이라고도 불릴 수 없는 것이다.

2) 연역추리의 종류

연역추리는 크게 직접추리와 간접추리로 나뉜다. 하나에서 직접추리란 앞의 예1과 같이 하나의 전제에서 직접 새로운 판단을 결론으로 이끌어 내는 추리를 말한다. 예1에서 볼 수 있는 바와 같이 직접추리는 전제 속에 포함된 뜻을 새로운 명제로 표현하는 것에 불과하며, 거기에서 어떤 새로운 사실이 밝혀지는 바 없다. 따라서 직접추리는 명제의 해석이라고도 볼 수 있다. 직접추리에는 대당관계[1]에 의한 직접추리와 명제변형[2]에 의한 직접추리의 두 종류가 있다.

간접추리는 두 개 이상의 전제에서 새로운 판단인 결론을 이끌어 내는 주리를 말한다. 두 개의 전제에서 결론을 이끌어 내는 경우는 예2에서 예시되었다. 연역추리에 있어서 간접추리는 삼단논법에 해당된다. 삼단논법에는 정언삼단논법, 가언삼단논법, 선언삼단논법 그리고 양도논법 등이 있다. 이들 중에서 삼단논법

1) 대당관계란 명제의 주어와 술어의 핵심적인 개념이 같아야 한다는 것이다. 즉, 대당관계에 있는 각 명제들은 주어가 전칭이냐 특칭이냐의 차이만 있고, 술어가 긍정이냐 부정이냐의 차이만 있을 뿐이고, 주어와 술어의 핵심적인 개념들은 모두 동일해야 한다는 점이다.

2) 정언명제의 변형이란 명제의 의미나 진릿값을 변화시키지 않으면서 주어진 명제를 다른 형태의 명제로 바꾸는 것을 말한다. 가령, 주어진 명제를 그 주어와 술어의 위치가 바뀐 명제로 전환한다든가, 아니면 긍정명제를 부정명제로 또는 부정명제를 긍정명제로 전환하는 것이 명제의 변형이다. 명제의 변형은 주어와 술어의 위치를 바꾸는 환위, 명제의 질을 바꾸는 환질, 그리고 환위와 환질을 결합한 이환 등 3가지가 있다.

의 중추가 되는 것은 정언삼단논법이다.

3) 직접추리의 응용

우리의 실생활에서는 많은 추리들이 나타난다. 우리가 직접 기존의 지식을 바탕으로 새로운 어떤 판단을 도출하거나 어떤 하나의 판단 진릿값을 논증하기 위해 추리를 사용할 경우도 많지만, 다른 사람의 논증을 평가할 경우에도 추리를 사용한다. 여기서는 후자의 경우에 해당하는 몇 가지의 간단한 사례를 검토해 보자.

어떤 사람이 "모든 민주적인 사람은 타인의 자유를 존중한다. 그러므로 타인의 자유를 존중하는 모든 사람은 민주적인 사람이다."라고 주장했다고 하자. 이 주장은 옳은가?

이 주장은 하나의 추리를 포함하고 있다. 이 추리의 전제인 "모든 민주적인 사람은 타인의 자유를 존중한다."라는 판단은 누가 보아도 참이라고 할 수 있지만 "타인의 자유를 존중하는 모든 사람은 민주적인 사람이다."라는 판단의 진위를 확정하기는 사실상 어렵다. 따라서 우리는 여기서 사용된 추리의 형식을 통해서 이 사람 주장(결론)의 정당성을 평가할 수밖에 없다. 즉, 여기서 나타난 추리의 형식이 타당하다면 이 사람의 주장은 옳은 것이라고 할 수 있다. 왜냐하면 이미 이 추리의 전제는 참이라고 인정했기 때문이다.

이제 추리의 형식을 검토해 보자. 이 추리에 있어서 전제와 결론에 포함된 각 개념은 동일하지만 그 위치가 서로 다르다. 이 경우에는 환위법[3]이 사용되었다는 것을 알 수 있다. 따라서 우리는 이 환위 추리가 형식적으로 타당하게 이루어졌는가 그렇지 않은가를 검토해 보면 이 사람의 주장이 옳은지 그른지 평가할

3) 환위법이란 명제의 질은 그대로 두고 주어와 술어의 위치를 바꾸는 것을 말한다. 여기서 명제의 질이란 긍정 또는 부정을 말한다. 따라서 환위의 방법은 긍정명제의 주어와 술어의 위치를 바꾸어 새로운 긍정명제를 만드는 방법과 부정명제의 주어와 술어의 위치를 바꾸어 새로운 부정명제를 만드는 방법이 있다.

수 있다. 그런데 우리는 이 추리가 잘못된 환위 추리라는 사실을 쉽게 발견할 수 있다. 즉, 이 추리는 전제에서 부주연된 술어개념이 결론에서 주연되는 부당주연의 오류[4]를 범하고 있는 것이다. 따라서 이 사람의 주장은 옳은 주장이 아니라고 할 수 있다.

다른 예로, "투표에 참여한 모든 사람은 애국자이다. 그러므로 투표에 참여하지 않은 모든 사람은 애국자가 아니다."라고 주장하는 어떤 사람이 있다고 하자. 이 사람의 주장은 옳은가?

이 주장도 역시 하나의 추리를 포함하고 있다. 전제인 "투표에 참여한 모든 사람은 애국자이다."라는 판단이 참이라는 데에는 동의할 수 있다. 그런데 결론의 진릿값을 확정하기란 쉽지 않다. 이 경우에도 역시 타당한 추리의 형식을 적용시켜야 한다. 그런데 이 경우에 직접 적용시킬 수 있는 타당한 추리의 형식이 발견되지 않는다. 그러므로 우리는 다른 방식을 통해서 이 추리 결론의 진릿값을 찾아내어야 한다.

그러나 현재로서는 "투표에 참여하지 않은 모든 사람은 애국자가 아니다."라는 판단의 진릿값을 알아낼 수 있는 근거는 "투표에 참여한 모든 사람은 애국자이다."가 참이라는 사실밖에 없다. 이러한 경우에 "투표에 참여하지 않은 모든 사람은 애국자가 아니다."라는 판단의 진릿값을 알 수 있는 방법은 참이라고 알려져 있는 "투표에 참여하지 않은 모든 사람은 애국자가 아니다."라는 판단과의 논리적 관계에 의거할 수밖에 없다. 그런데 이 두 판단의 술어 개념은 동일하지만 주어 개념이 서로 모순관계에 있는 개념들이기 때문에 대당관계가 성립하지 않는다. 그렇다면 우리는 변형 추리를 통해 모순개념을 동일개념으로 변형시켜서 두 판단의 주어와 술어를 동일하게 만든 후에 대당관계를 적용하면 될 것이다.

4) "모든 인간은 동물이다."라는 명제를 환위하면 "모든 동물은 인간이다."라는 명제가 된다. 그런데 "모든 인간은 동물이다."라는 명제가 참이라 하더라도 "모든 동물은 인간이다."라는 명제가 참인지 여부는 알 수 없다. 이를 다른 관점에서 설명하면 다음과 같다. "모든 인간은 동물이다."라는 명제를 "모든 동물은 인간이다."라는 명제로 환위하는 것은 원래의 명제에서 부주연되어 있던 '동물'이라는 술어를 환위한 명제에서는 '모든 동물'이라는 주연된 개념으로 표현하고 있어서 부당주연의 오류를 범하게 된다.

이제 우리는 "투표에 참여한 모든 사람은 애국자이다."라는 판단의 주어 개념을 그 모순개념인 '투표에 참여하지 않은 사람'으로만 변형시키면 된다. 우선 간단하게 떠오르는 방법은 이 판단을 이환한 후 다시 환위하는 것이다. 따라서 이 판단을 이환하면 "모든 비애국자는 투표에 참여하지 않은 사람이다."가 도출되고, 이 이환된 판단을 다시 환위하면 "투표에 참여하지 않은 약간의 사람은 비애국자이다."가 도출된다. 이제 이 판단과 "투표에 참여하지 않은 모든 사람은 애국자가 아니다."라는 판단에 있어서 양자의 주어 개념은 동일하지만 술어개념이 모순관계에 있는 모습으로 되었다. 이와 같은 경우는 환질법을 통해 간단하게 해결될 수있다. 따라서 "투표에 참여하지 않은 약간의 사람은 비애국자이다."를 환질하면 "투표에 참여하지 않은 약간의 사람은 애국자가 아니다."라는 판단을 도출할 수 있다.

이 결과 "투표에 참여하지 않은 모든 사람은 애국자가 아니다."라는 판단과 "투표에 참여하지 않은 약간의 사람은 애국자가 아니다."라는 판단 사이에는 서로 대당관계가 성립하게 되었다. 여기서 "투표에 참여하지 않은 약간의 사람은 애국자가 아니다."라는 판단은 애초에 참인 것으로 확정되어 있는 "투표에 참여한 모든 사람은 애국자이다."라는 판단으로부터 이환–환위–환질의 연쇄적 직접추리를 통해서 도출된 판단이므로, 이 판단의 진릿값도 역시 참이다. 이 판단이 참이라면 이것과 대소 대당관계에 있는 "투표에 참여하지 않은 모든 사람은 애국자가 아니다."라는 판단의 진릿값은 진위 불명이다. 그러므로 "투표에 참여한 모든 사람은 애국자이다. 그러므로 투표에 참여하지 않은 모든 사람은 애국자가 아니다."라는 이 사람의 주장은 타당하지 않다.

이상에서 살펴본 것과 같이 직접추리를 통해서 자신의 주장을 피력하고 있는 어떤 사람 주장의 정당성을 검토할 때는 다음과 같은 절차를 지키는 것이 편리하다.

첫째, 전제의 진릿값을 확인한다.

둘째, 전제가 참이라면 결론의 진릿값이 전제와의 논리적 관계에 따라 직접적으로 확인될 수 있는지를 검토한다.

셋째, 대당관계 등과 같은 논리적 관계를 통해서 결론의 진릿값이 확인될 수 없다면, 그 추리가 직접추리의 타당한 형식을 사용하고 있는지 검토한다.

넷째, 그 추리에서 직접추리의 타당한 형식이 발견되지 않는다면, 전제와 결론 양 판단을 적절하게 변형하여 대당관계가 성립할 수 있도록 조정한다.

다섯째, 전제가 참일 때 결론이 거짓일 가능성이 없다면, 그 주장은 정당한 것이며, 거기에서 사용된 추리도 타당하다고 인정할 수 있다.

4) 간접추리로서 연역법(삼단논법)

"모든 사람은 죽는다." "소크라테스는 사람이다." "그러므로 소크라테스는 죽는다."와 같이 둘 이상의 전제로부터 어떤 새로운 결론을 이끌어 내는 추리를 간접추리라고 한다. 연역추리에 있어서 간접추리는 삼단논법에 해당한다. 즉, 연역추리에 있어서 간접추리는 판단 세 개가 이어져 추리가 형성된다. 물론 세 개의 판단은 세 개의 명제로 표기되어 나타난다. 이때 세 개의 명제 중 앞의 둘은 전제들이고 뒤의 하나는 결론이다.

하나의 삼단논법을 구성하는 판단이 모두 정언판단들일 때 이 삼단논법을 정언삼단논법이라고 하고, 하나의 삼단논법을 구성하는 판단 중에 하나 이상의 가언판단이 포함될 때 이 삼단논법을 가언삼단논법이라고 하며, 하나의 삼단논법을 구성하는 판단 중에 하나 이상의 선언판단이 포함될 때 이 삼단논법을 선언삼단논법이라고 한다. 그 밖에도 하나의 삼단논법에 가언판단과 선언판단이 함께 포함되는 경우도 있는데, 이것을 가언-선언삼단논법이라고 한다.

이제 정언삼단논법의 구조를 쉽게 파악하기 위해서 가장 일반적으로 알려져 있는 다음과 같은 하나의 정언삼단논법을 살펴보자.

> 모든 동물은 생명체이다.
> 모든 인간은 동물이다.
> 그러므로 모든 인간은 생명체이다.

이 삼단논법에서 가로선 위의 두 가지 판단이 전제들이고 가로선 아래의 하나의 판단이 결론이다.

그런데 정언삼단논법에서는 각 판단에 속해 있는 개념들에도 고유한 이름들이 붙여진다. 이 명명의 준거점은 결론의 주어 개념과 술어 개념이다. 즉, 결론의 주어 개념을 소개념이라고 하고 결론의 술어 개념을 대개념이라고 한다. 위의 예에서 소개념은 '인간'이고 대개념은 '생명체'이다. 이 두 개념을 '대－소'라는 크기로 구별한 이유는 이 두 개념이 외연상의 크기가 서로 다르기 때문이다. 그런데 전제들에도 소개념과 대개념이 나타나 있다. 이 추리에서는 첫 번째 전제의 술어 개념이 대개념이고, 두 번째 전제의 주어 개념이 소개념이라는 것을 발견할 수 있다.

그 밖에 전제들에서는 소개념도 아니고 대개념도 아닌 제삼의 개념이 하나씩 나타나 있음을 볼 수 있다. 이 추리에서는 '동물'이라는 개념이 바로 그러한 제삼의 개념인데, 이것을 중개념이라고 한다. 여기서 '중'이라는 말을 붙인 것도 역시 '대소'와 비교하여 그 외연의 크기를 나타내는 것이다. 말 그 자체에서 나타나듯이 중개념의 외연은 소개념보다는 크고 대개념보다는 작다. 이 중개념은 소개념과 대개념을 연결해 주는 역할을 수행한다. 이러한 의미에서 중개념을 매개념이라고 부르기도 한다.

다른 한편, 삼단논법의 전제를 구성하는 두 가지의 판단들 그 고유한 이름을 갖는다. 그런데 이 전제들 명명의 준거점은 다름 아닌 개념의 이름이다. 위의 추리 첫 번째 전제는 '동물'이라는 중개념과 '생명체'라는 대개념으로 구성되어 있고, 두 번째 전제는 '인간'이라는 소개념과 '동물'이라는 중개념으로 구성되어 있다. 이때 대개념을 포함하는 전제를 대전제라고 하고, 소개념을 포함하는 전제를 소전제라고 한다. 앞의 예에서 첫 번째 전제는 대전제이고 두 번째 전제는 소전제이다.

이상에서 보았듯이 정언삼단논법은 대전제와 소전제로부터 결론을 도출하는 추리 형식이라고 할 수 있다. 그런데 이러한 정언삼단논법에 있어서는 판단이 세 가지이듯이 개념도 역시 세 가지만 쓰고 있다는 것을 알 수 있다. 즉, 소개념, 중개념, 대개념이 그것인데, 이 세 가지 개념이 각각 두 번씩 사용되고 있는 것이다. 이러한 소개념, 중개념, 대개념은 일반적으로 각각 S, M, P라는 약호로 표기되는데, 우리는 이러한 약호들을 사용하여 위의 정언삼단논법을 다음과 같이 형식화할 수 있다.

모든 M(중개념)은 P(대개념)이다. –대전제
모든 S(소개념)는 M(중개념)이다. –소전제
그러므로 모든 S(소개념)는 P(대개념)이다. –결론

이와 같이 정언삼단논법의 일반적 형식은 대전제, 소전제, 결론의 순서로 되어 있다. 이 순서는 삼단논법이 대상의 범위가 가장 넓은 사태에 관한 판단으로부터 대상의 범위가 가장 좁은 사태에 관한 판단에로 진행된다는 특성을 갖는다는 점 때문에 그렇게 일반화되어 있다. 그러나 사실상 전제들의 위치는 고정적인 것이 아니다. 즉, 소전제를 먼저 쓰고 대전제를 뒤에 쓸 수도 있다는 것이다. 그렇지만 어차피 전제들의 위치가 고정적인 것이 아니라면 임의적으로 대소 전제의 순서를 고정시키는 것이 다소 편리하다.

연역법은 전제들이 모두 참이라는 것을 통해 결론이 참이라는 것을 확정하는 방법이다. 그런데 추리의 본성상 전제들이 모두 참이라는 사실에 대해서는 이미 알고 있다 하더라도, 그렇다고 해서 결론도 역시 참이라는 사실에 대해서는 알 수 없다. 그렇다면 우리는 이러한 경우에 결론도 참이라는 것을 어떻게 알 수 있는가?

이러한 경우 우리는 전제들과 결론 사이의 논리적 정합성을 이용할 수밖에 없다. 대당관계에서처럼 어떤 하나의 판단 진릿값이 참 또는 거짓으로 알려져 있는 경우 우리는 이 판단과 일정한 논리적 관계를 맺고 있는 다른 판단에 대해서 그것이 지시하는 사태와 직접적으로 비교하지 않더라도 단지 그 논리적 관계만으로도 그 진릿값을 알 수 있다. 이것은 바로 대당관계를 맺고 있는 두 판단 사이의 논리적 정합성이 있기 때문이다. 그런데 여기서 우리는 대당관계가 일정한 논리적 형식으로 일반화되어 있다는 사실을 상기해 보자. 예를 들어, "모든 S는 P이다."가 참이라고 한다면 "약간의 S는 P가 아니다."는 항상 거짓일 수밖에 없다. 이러한 모순 대당관계에 있어서는 일종의 대개념으로 사용된 S와 P의 자리에 어떠한 실질적인 개념이 대입되더라도 이 두 판단 사이의 논리적 관계는 그대로 유지되는 것이다.

이와 마찬가지로 연역추리도 전제와 결론 사이의 정합성을 근거로 해서 참인 전제로부터 참인 결론을 도출하려는 사고 과정인 한에서는 이러한 연역추리에도 일정한 논리적 형식이 있을 수 있다. 예를 들어, "모든 A는 B이다. 그러므로 모든 C는 D이다."라는 하나의 추리형식이 있다고 하자. 이 형식에서 전제인 "모든 A는 B이다."가 참일 경우에 결론인 "모든 C는 D이다."가 결코 거짓일 가능성이 없다면, 우리는 이 추리형식을 타당한(妥當한, valid) 형식이라고 한다. 반대로 전제가 모두 참임에도 불구하고 결론이 거짓이 될 수 있는 형식을 타당하지 않은(不當한, invalid) 형식이라고 한다. 연역법은 이러한 타당한 추리 형식을 통해서 참된 전제들로부터 참된 결론을 도출하는 추리 방식이다.

일반적으로 이미 타당한 형식으로 인정되고 있는 다음의 추리형식을 보자.

〈추리형식 1〉

모든 A는 B이다.

모든 B는 C이다.

그러므로 모든 A는 C이다.

이 추리 형식에 일반적으로 그 진릿값이 잘 알려져 있는 판단들을 대입해 보자.

〈추리 1〉

모든 사람은 동물이다.

모든 동물은 생명체이다.

그러므로 모든 사람은 생명체이다.

〈추리 1〉은 위의 〈추리형식 1〉에서 대개념으로 사용된 A, B, C의 자리에 각각 '사람', '동물', '생명체'를 대입한 것이다. 이미 〈추리형식 1〉이 타당한 것으로 인정하였으므로 〈추리 1〉의 경우 전제들이 모두 참일 경우 결론도 필연적으로 참이어야 한다. 실제로 그 진릿값을 살펴보면 첫 번째 전제도 참이고 두 번째 전제도 참이며 결론도 역시 참이라는 것을 확인할 수 있다.

이번에는 똑같은 형식에 다른 판단들을 대입해 보자.

〈추리 2〉

모든 사람은 식물이다.

모든 식물은 생명체이다.

그러므로 모든 사람은 생명체이다.

〈추리 2〉는 〈추리 1〉과 유사하게 타당한 〈추리형식 1〉을 적용한 경우이지만, 여기서 첫 번째 전제는 거짓이고 두 번째 전제는 참이며 결론도 참이다.

〈추리 3〉
모든 사람은 돌이다.
모든 돌은 생명체이다.
그러므로 모든 사람은 생명체이다.

〈추리 3〉도 타당한 〈추리형식 1〉을 그대로 적용하였지만, 여기서는 전제가 모두 거짓이고 결론은 참이다.

〈추리 4〉
모든 사람은 식물이다.
모든 식물은 돌이다.
그러므로 모든 사람은 돌이다.

〈추리 4〉도 타당한 〈추리형식 1〉을 그대로 적용하였지만, 여기서는 전제와 결론 모두가 거짓이다.

그렇다면 우리는 〈추리 2, 3, 4〉의 반사례들 때문에 앞의 〈추리 형식 1〉이 부당한 것으로 간주해야 하는가? 그러나 중요한 것은 타당성과 부당성은 추리의 내용에 적용되는 문제가 아니라 추리의 형식에만 적용될 수 있는 문제라는 것이다. 따라서 〈추리 2, 3, 4〉의 문제점은 타당한 형식에 올바르지 않은 내용을 대입하였기 때문에 발생한 것이다. 그런데 만약 〈추리 2, 3, 4〉에서 거짓으로 알려져 있는 전제들을 모두 참이라고 가정해 보면, 이 전제들로부터 도출된 결론이 거짓일 수 없다는 사실을 알 수 있을 것이다. 그러므로 어떤 추리의 형식이 타당한 형식이라면 그 형식에 대입되는 전제가 모두 참일 때 필연적으로 그 결론도 참일 수밖에 없는 것이다.

그렇다 하더라도 우리의 실생활에서는 〈추리 2, 3, 4〉와 같은 경우가 허다하게 발생할 수 있을 것이다. 물론 가장 좋은 것은 이러한 경우를 피하여 형식적으로도 타당할 뿐만 아니라 내용적으로도 옳은 추리를 하는 것이다. 이와 같이 형식에 있어서도 타당하고 내용에 있어서도 옳은 추리를 건전한(sound) 추리라고 하며, 그렇지 않은 경우를 건전하지 않은 (unsound)추리하고 한다. 앞의 〈추리 1〉은 건전한 추리의 한 예이다. 그러나 내용의 문제는 개인적인 지식의 범위와 한계에 달려 있는 것이므로, 연역법에서는 타당한 추리의 형식을 발견하는 것이 더 우선적인 일이다.

2. 귀납추리

1) 귀납이란?

귀납의 사전적 의미는 '하나하나의 구체적이고 특수한 사실을 종합하여 그것으로부터 일반적인 원리를 이끌어 내는 추론 방식'과 "하나하나의 구체적이고 특수한 사실을 종합하여 그것으로부터 이끌어 내다."이다. 여러 개별적이고 특수한 경험적 사실들을 토대로 일반적인 원리를 이끌어 내는 방법을 귀납추리 또는 귀납법이라고 한다. 어떤 a라는 까마귀가 검다는 것, 그리고 다른 b라는 까마귀가 검다는 것, c라는 까마귀가 검다는 것, d라는 까마귀가 검다는 것 등등 이렇게 하여 많은 까마귀가 검다는 것을 경험했다면 우리는 보통 "모든 까마귀는 검다."라고 일반화시켜 말하게 된다. 이것을 다음과 같이 표시할 수 있겠다.

a, b, c, d, 는 검다.
a, b, c, d, ... 는 까마귀이다.
따라서 모든 까마귀는 검다.

이것을 통해서 귀납추리의 일반적인 형식을 다음과 같이 나타낼 수 있음을 알 수 있다.

A, B, C, D, ... 는 P이다.
A, B, C, D, ... 는 S이다.
따라서, 모든 S는 P이다.

연역추리는 타당하든가 부당하든가 둘 중 하나이다. 타당성의 정도 차이란 있을 수 없으므로 필연적이다. 그러나 귀납추리는 논리적 비약을 할 수밖에 없으므로 절대 타당할 수는 없다. 따라서 귀납추리는 개연적이고 확률적이다. 그러므로 귀납추리에는 타당하다는 말보다 정당하다는 말이 적절하다. 귀납의 전제들이 결론을 얼마만큼 밑받침해 주느냐에 따라서 귀납추리의 결론은 정당성이 커질 수도 있고, 작아질 수도 있다.

귀납추리는 경험을 토대로 일반적인 법칙을 유도하는 것이라고 하였다. 그런데 우리는 사실상 이 지구상에 존재하는 모든 까마귀가 검다는 것을 일일이 경험하여 나열할 수 없다. 더 나아가서 일반적인 법칙이란 시간적 제약을 초월하여 미래에도 타당성을 가져야만 할 터인데, 미래를 지금 경험할 수 있는 사람은 없다. 과거와 현재, 미래의 모든 개별적인 사례들을 전부 수집하고 그것을 토대로 일반법칙을 이끌어 낼 수 있다면 거기에는 어떤 비약도 없겠지만, 인간 경험의 한계 때문에 귀납추리에는 언제나 논리적 비약이 있을 수밖에 없다. 이 비약을 귀납적 비약이라고 한다.

그런데 만일 이러한 비약이 아무런 근거도 없이 행해진다면 귀납추리는 어떠한 정당성도 확보하지 못할 것이다. 따라서 많은 논리학자는 이 비약의 근거로 자연의 제일성을 든다. 우주에서 한 번 일어난 일이나 현상은 같은 상황에서는 다시 반복되며, 따라서 과거와 현재 그리고 미래를 통하여 반복되리라는 생각이다. 이러한 생각은 일정한 원인에서는 일정한 결과가 생긴다는 인과율과 서로 통하는 생각이다. 그러므로 귀납추리의 근거는 자연의 제일성 또는 인과율이고, 그것이 타당하다는 것을 전제로 할 때만 귀납추리는 정당성을 얻는다. 그러나 자연의 제일성이나 인과율도 귀납의 결과 얻어진 것이라는 사실을 생각해 보면, 귀납추리의 정당성의 문제는 그대로 남아 있을 수밖에 없다.

2) 귀납추리의 종류

귀납추리에는 열거적 귀납추리, 통계적 귀납추리, 인과적 귀납추리, 유비추리, 그리고 가설의 방법 등이 있는데 이제 그것들을 하나하나 다루어 보기로 한다.

(1) 열거적 귀납추리

경험 사실들을 열거함으로써 귀납적 결론을 이끌어 내는 방법이 열거적 귀납추리이고, 귀납추리의 형식 중 가장 단순한 형식이다. 열거적 귀납추리는 전체의 구성 부분들이 다 열거되었으면 완전 열거적 귀납추리라고 하고, 다 열거되지 않았으면 불완전 열거적 귀납추리라고 한다.

완전 열거적 귀납추리의 형식과 예는 다음과 같다.

〈형식〉

A, B, C, D, ...는 P이다.

A, B, C, D, ...는 S의 전부이다.

그러므로 모든 S는 P이다.

〈예〉

물, 불, 흙, 공기는 지구를 구성하고 있는 물질이다.

물, 불, 흙, 공기는 엠페도클레스의 4원소의 전부이다.

그러므로 엠페도클레스의 4원소의 전부는 지구를 구성하고 있는 물질이다.

완전 열거적 귀납추리는 여러 사실을 한데 모아 결론에서 간단한 명제로 개괄할 수 있다는 장점을 지니기는 하지만, 그 결론에서 어떤 새로운 사실도 알려지는 바 없다. 귀납추리가 경험적 사실을 토대로 해서 아직 경험해 보지 못한 새로운 사실까지도 알려 주는 것이라면, 완전 열거적 귀납추리는 귀납추리의 독특한 특색을 결여하고 있다고 볼 수 있다. 그리고 전체를 구성하고 있는 모든 부분들을 다 경험한 다음 이것들을 모두 열거한다는 것은 몇몇 예를 제외하고는 거의 불가능한 일이다.

불완전 열거적 귀납추리의 형식과 예

〈형식〉

A, B, C, D, ...는 P이다.

A, B, C, D, ...는 S이다.

그러므로 모든 S는 P이다.

〈예〉

a, b, c, d, ... 는 검다.

a, b, c, d, ... 는 까마귀이다.

그러므로 모든 까마귀는 검다.

완전 열거적 귀납추리와는 달리 불완전 열거적 귀납추리는 모든 사실을 다 열거하지는 못하지만 새로운 지식을 알려 주는 역할을 수행해 낼 수는 있다. 물론 그 결론은 개연성을 지닐 수밖에 없다. 이 추리가 보다 더 정당성을 지니게 하기 위해서는 구성 부분들에 대한 열거가 보다 더 많아야 하겠다.

(2) 통계적 귀납추리

앞의 열거적 귀납추리가 하나하나의 특수한 사례들을 자료로 하는 데 반해, 자료가 대량적이고 집단적일 때, 이것을 수량적으로 처리하여 개괄하는 방법이 통계이다.

통계에는 기술적 통계와 인과적 통계 그리고 개연적 통계의 세 가지가 있다.

① 기술적 통계

기술적 통계란 경험된 내용을 그대로 기술하여 그것을 자료로 어떤 사태에 대한 경험률을 얻어 내는 방법이다. 예를 들어, 기상관측소에서 매일매일의 기상을 관측하고 그것을 자세히 기록해 둔다면, 그것을 자료로 기상에 대한 통계를 얻을 수 있고, 또 그것에 근거해 앞으로의 기상도 예측할 수 있을 것이다.

② 인과적 통계

예를 들어, 교통사고가 일어나는 수를 계절별로 관찰해서 일 년 중 어느 계절에 교통사고가 많이 나는가를 통계적으로 살펴봄으로써 교통사고와 계절 사이에 어떤 인과관계가 있는지를 추정해 볼 수 있듯이, 두 집단적 현상 사이에 비례적인 수량적 변화가 있는 것으로 나타날 때 그 두 현상 간의 일종의 인과관계를 지적하는 방법이 인과적 통계이다.

③ 개연적 통계

이 통계는 확률과 관계 있다. 다시 말해서, 과거에 일어났던 현상들의 일정한 비율을 구하여 그 비율이 앞으로도 적용될 수 있으리라고 보는 방법이다. 예를 들어, 과거 몇 년간의 사실을 토대로 기형아 출산율을 구하고 그 비율이 미래에도 적용되리라고 보는 방법이다. 그런데 확률에는 경험적 확률과 이론적 확률이 있다. 경험적 확률이란 그 일이 일어난 수를 발생 가능한 전체의 수로 나누어 얻어진 값이며, 이론적 확률은 그 사태가 발생할 수 있는 경우의 수를 그 사태가 발생할 수 없는 경우의 수의 합으로 나누어서 얻어진 값이다. 사례가 많으면 많을수록 경험적 확률은 이론적 확률에 가깝게 된다.

(3) 인과적 귀납추리

관찰과 실험을 통해 얻은 자료들을 면밀히 분석하고 검토하여 인과관계를 밝혀 내려는 것이 인과적 귀납추리이다. 이 추리에서 특히 주의할 점은 어떤 두 현상이 앞뒤로 일어났다고 해서 반드시 둘 사이에 인과관계가 성립하는 것은 아니라는 점이다. 이 세상에서 일어나는 일들은 매우 복잡하고 다양하므로 그들 사이에 존재하는 인과관계를 찾아내는 일이 그렇게 쉬운 일은 아니다. 따라서 우리는 가능한 한 많은 자료를 토대로 인과관계를 규정할 수 있도록 노력해야겠다.

(4) 유비추리

두 개의 사례가 여러 점에 있어서 동일한 경우, 한 쪽의 사례에서만 경험된 어떤 점이 다른 쪽의 사례에서 아직 경험되지는 않았지만 거기에 포함되어 있을 것이라고 미루어 추리하는 방법이 유비추리이다.

예를 들어, A라는 사람은 a, b, c, d, e, f라는 특성을 가진 사람인데 국회의원 선거에서 C후보를 지지하고 있다면, A와 마찬가지로 a, b, c, d, e, f라는 특성을 가진 B라는 사람도 아마 C후보를 지지할 것이라고 미루어 추리할 때 유비추리가 성립한다.

다른 귀납추리와 마찬가지로 유비추리도 개연적 추리이고 따라서 정당성의 정도 차이가 있다. 보다 정당한 유비추리를 하기 위해서 다음과 같은 점들을 고려하면 좋겠다.

첫째, 비교되는 대상 간에 유사상이 크면 클수록 그 정당성은 커지며, 유사성이 적으면 적을수록 정당성의 정도가 줄어든다.

둘째, 유사성은 비교 대상들의 본질적이고도 적극적인 성질을 나타내는 것이어야 한다. 비본질적인 성질들의 유사성이 아무리 크더라도 거기에서는 정당한 유비추리가 나올 수 없다.

셋째, 결론에서 언급된 성질들은 이미 밝혀진 유사성을 가진 성질들과 관련 있는 것이어야 한다. 예를 들어, 두 사람의 기호식품들의 유사성을 잔뜩 나열해 놓고 결론에서 그들이 같은 후보를 지지할 것이라고 추론한다면 정당한 추론이 될 수 없다.

(5) 가설

우리가 어떤 문제에 부딪혔을 때, 그 문제를 해결하기 위해 여러 가지 방안을 모색하게 된다. 그러한 모색 중, “아하, 이렇게 저렇게 하면 이 문제가 해결되겠구나.” 하고 어떤 가능한 해결 방안을 머릿속에 떠오르게 된다. 바로 이 가능한 해결 방안이 가설이다. 이 가설은 그 자체로는 참도 거짓도 될 수 없다. 가설이 참이라는 것을 긍정적으로 증명해 주는 사례가 나타날 때, 그 가설은 문제해결 방안으로서 긍정적인 역할을 할 수 있을 것이다.

가설의 종류에는 사실적 가설, 과학적 가설, 철학적 가설의 세 종류가 있다.

① 사실적 가설

예를 들어, 얼마 전까지 잘 찍히던 카메라가 작동되지 않을 때, 우리는 건전지가 다 된 것이 아닐까 하고 가설을 세운 후, 사실 여부를 조사하여 그 결과 정말 건전지의 수명이 다 되었다는 것을 발견하게 되는 경우가 있다. 이것은 가설에 기초한 관찰로 그 문제의 해결 방안을 찾은 것인데, 이런 경우의 가설을 사실적 가설이라고 한다.

② 과학적 가설

과학적 가설도 사실적 가설과 밀접한 연관이 있지만 사실적 가설처럼 개별적이고 특수한 사실에 국한되는 것이 아니라 일정한 현상을 통일적으로 설명하기 위한 보편적이고 객관적인 가설이다. 과학적 탐구를 위해 가설은 대단히 큰 비중을 차지한다.

과학적 탐구에 있어서 어떤 현상이 이미 알고 있는 법칙으로는 설명할 수 없을 때, 보통 하나의 법칙을 가정하여 가설로 삼아 그 현상을 설명하려고 시도하게 된다. 이러한 가정적인 법칙을 과학적 가설이라고 한다. 그리고 이러한 가설은 관찰과 실험을 통해 긍정적 사례로 나타나게 되면 더 이상 가설로 머무르지 않고 새로운 과학 법칙으로 인정된다.

③ 철학적 가설

앞에서 언급한 과학적 가설 중에 경험을 넘어서는, 즉 초경험적인 개념들이 포함될 수 있다. 그러나, 비록 그것이 자연현상 일반을 설명하는 법칙을 찾고자 하여 보편성과 궁극성을 지니고 있다고는 하지만, 그것은 어디까지나 학문적인 인식이 성립될 수 있다는 것을 기본 전제로 하고 있으므로, 가장 보편적인 어떤 것이나 가장 궁극적인 어떤 것이라고 할 수는 없다. 바로 이 가장 보편적인 어떤 것, 가장 궁극적인 어떤 것을 철학은 가설로 쓰고 있다. 이 가설은 과학이 전제로 하는 학문적인 인식의 성립이 가능하기 위해서 없을 수 없는 것이다. 이것은 경험으로는 증명될 수 없는 가장 보편적이고 궁극적인 것으로, 예를 들면 완전자, 최고선, 실체 등이 그것이다.

사례 연구

인간의 욕망과 과학기술

모든 사람은 욕망을 가지고 산다. 좋은 친구를 만나고 싶다든지 맛있는 것을 먹고 싶다든지 오래 살고 싶다든지 하는 등 기본적인 욕망의 차원인 본능적인 차원으로부터, 다른 사람을 부려 먹고 지배하고 싶다든지 명예를 얻고 싶다든지 하는 사회적인 차원까지 욕망의 모양은 실로 다양하다. 대체로 욕망은 상대적인 것이기에 살아가는 방식인 사회적 본연의 자세와 밀접하게 연관돼 있다. 그래서 욕망은 사회제도에 의해 조절되고, 욕망은 반대로 사회제도를 조절하고 있다. 마찬가지로 과학기술도 또한 욕망과 강하게 상관돼 있다.

우선 욕망의 정의부터 하자면, 욕망이란 실현이 가능한 희망을 향해서 행해지는 어떠한 사회적인 행위이다. 바로 말해서 실현 불가능한 희망은 욕망이 아니다. 예를 들면, 심장이식 수술을 받고 오래 살고 싶다는 욕망이 일어나는 것은 그것이 가능하기 때문이다. 그러므로 새로운 가능성은 새로운 욕망을 발생시킨다고 볼 수 있다. 그러나 어떠한 행위도 동반하지 않고서 머릿속에서만 상상하는 헛된 꿈 따위는 욕망이라고는 볼 수 없다.

거의 모든 나라의 신화 속에 인간이 하늘을 난다는 게 그려지고 있는 것을 보면 하늘을 나는 것은 오래전부터 인간의 꿈이자 욕망이었다. 그중에서도 유명한 게 그리스의 이카로스 신화로서 인간의 욕망과 꿈에 관한 흥미로운 이야깃거리를 제공해 주고 있다.

> 천재적인 발명가이자 명장인 다이달로스(Daedalus)가 나무를 자르는 톱을 발명하여 명성이 높아진 조카를 질투한 나머지 신전의 지붕 위에서 조카를 떨어뜨려 죽이고 말았다. 이 죄로 다이달로스는 아들 이카로스(Icarus)와 함께 크레타섬으로 쫓겨 가, 미노스(Minos)왕 밑에서 일을 하게 되었는데, 왕비의 매혹에 말려들어 왕의 노여움을 받아 아들과 함께 미로에 갇히게 되었다. 감옥에 갇힌 다이달로스와 이카로스는 궁리 끝에 새의 깃털을 모아 밀랍으로 열심히 날개를 만들고 양팔에 달아 미로에서 탈출을 시도했다. 아버지 다이달로스는 아들에게 너무 높이 올라가 태양 가까이 가지는 말 것을 몇 차례고, 되풀이해서 당부했다. 그런데도 공중을 난다는 희열로 사로잡힌 이카로스는 태양 가까이 올라갔다가 그만 날개의 밀랍이 녹아 바닷속으로 떨어져 죽고 말았다. 아버지 다이달로스의 엄중한 경고도 미지의 세계를 향한 이카로스의 욕망을 막을 수는 없었다.

오늘날 과학기술은 풍요로움을 꿈꾸는 사람들에게 크나큰 혜택을 가져다주었다. 생활이 편리해진 것은 물론이고, 인간이 건강하게 장수하며 살아갈 수 있는 것도 과학기술의 덕택이다. 땅덩어리 저쪽 끝으로 가면 낭떠러지가 될 것이라는 옛사람들의 믿음은 실험과 관찰이라는 과학기술자들의 행동을 통하여 헛된 믿음이라는 것이 밝혀졌다. 비행기로 열 시간만 가면 지구 저쪽 대륙에 갈 수 있게 되었고, 콩나물 사러 갈 때도 자동차를 이용할 정도로 편한 세상이 되었다. 그런데 문제가 생기기 시작했다.

과학기술의 목적은 인간의 행복을 추구하는 데 있다고 말한다. 그렇다면 과연 행복이 무엇인가를 따져 보아야 한다. 여기에는 행복이 물질적인 것으로 충족될 수 있는가의 문제가 함축되어 있다. 물질의 충족은 과학기술이 가져다주었지만, 그에 대한 책임 역시 과학기술이 질 수 있는지에 대해서는 의구심이 든다. 과학기술의 발전이 인간의 욕망을 충족시킬 수 있다는 것 역시 헛된 꿈인 환상이다. 인간에게 있어서 욕망이란 채우면 채울수록 더 커지는 그런 구조를 갖고 있다. 그래서 욕망을 채우려고만 들 것이 아니라 욕망의 그릇을 작게 만드는 것이 더 중요하며, 이는 추상적인 요청이 아니라 아주 구체적인 현실이다.

예를 들어, 인간의 끝없는 소비 욕구를 채우려고 원래 제한된 공급구조를 과학기술의 혜택으로 영원히 늘릴 수 있다는 환상에서 벗어나야 한다는 것이다. 그리고 소비와 욕망을 줄일 수 있는 마음의 변화를 가져와야만 인류문명의 시급한 위기를 극복할 수 있다는 것이다. 그렇다고 과학기술을 무조건 거부하자는 것이 아니라 과학기술을 제대로 이해해야만 과학기술로부터 야기된 병들을 치료할 수 있는 것이다.

역설적이지만 인간의 욕망 없이는 과학기술의 발전도 없다. 실제로 새로운 제품이 나오면 그것을 기필코 사서 스스로는 다른 사람과 다르다는 의식이 사람들에게 신제품을 사도록 유도하고, 과학 문명에 둘러싸인 생활을 강요하고 있는 것이 일상이다. 결국에는 마음대로 죽을 자유까지 빼앗아 버려 사람들에게 그것이 인간의 자발적인 욕망이라고 쉽게 마음먹게 하는 것이다. 물론 현시점에서 대다수 인간은 그것을 원하고 있는 것은 아닐까? 만약 이러한 욕망의 존재가 인간의 본성이고 생물학적으로나 본능적으로 어쩔 수 없는 것이라면 과학기술문명은 갈 수 있는 데까지 가서 결국 파멸에 빠져들지도 모른다는 것이다. 그러나 욕망의 그릇을 될 수 있는 한 작게 만든다면 파멸을 다소 온화시킬 수 있을지도 모른다.

출처: 김은철 외, 『철학적 리터러시 연습을 위한 에세이들』

1. 주어진 제시문의 각 단락에서 주장과 이유를 찾아 옮겨 적어 보자.

2. 주어진 제시문에서 보완하거나 비판할 점을 찾아보자.

3. 글을 읽고 자신의 생각을 정리하여 논리적 글쓰기를 표현해 보자.

10 Chapter 논증의 실제적 오류

논증의 실제적 오류

10
Chapter

우리가 생각한 것을 말이나 글로 표현하면, 그것을 다른 사람과 공유하고 소통할 수 있다. 말이나 글을 통해 우리의 생각, 감정, 경험과 지식 등을 상대방에게 전달하고 이해시킬 수 있다. 이를 통해 아이디어를 공유하고 의견을 나누며, 사회적으로 소통하고 협력할 수 있다. 문제는 우리가 얼마나 논리적으로 표현하는가이다. 만약 그 표현이 논리적이면 그것은 논증이다. 논증이란 어떤 표현에 적절한 이유나 근거를 대어 그것이 옳다는 것을 증명하는 것이고 말 그대로 풀어서 표현하면 논리적 증명이다.

만약 우리가 논증에 실패하면, 그것은 오류(fallacy)다. 오류라는 말은 일상에서 여러 가지 뜻으로 사용된다. 그중 하나는 무엇이든 잘못된 생각이나 "모든 사람은 정직하다."라고 믿는 것과 같은 거짓된 믿음을 말하는 경우이다. 그러나 논리학에서 오류란 추론에서의 오류라는 보다 좁은 의미로 사용된다. 즉, 오류란 일종의 타당치 못한 추론이다. 이것은 옳지 못한 논증(fallacious argument)의 형태를 가리키는 말이다. 옳지 못한 논증은 논리적으로 타당하지 않은 논증을 의미한다. 즉, 논증의 전제가 참이더라도 결론이 거짓일 수 있는 논증을 말한다. 이러한 논증은 논리적으로 타당하지 않으며, 잘못된 추론을 포함하고 있다.

물론 어떤 논증은 틀렸다는 것이 너무 확실해서 아무도 현혹될 수 없는 것이 있다. 그래서 논리학에서 오류라 하면 논리적으로 옳지 않지만, 심적으로 설득력이 있는 논증을 다루는 분야를 가리킨다. 그러므로 우리는 오류를 '옳은 것처럼 보이지만 검토해 보면 사실은 옳지 않은 논증의 형태'라고 정의할 수 있을 것이다. 이런 논증들을 오류론에서 다루는 것의 의미는 논증의 잘못을 이해하고 그것을 학습하여 그런 논증을 피하기 위함이다. 말하자면 미리 주의하는 것은 미리 무장하는 것과 같다는 것이다. 오류를 피하려면, 첫째, 논증의 전제와 결론 사이의 논리적 연결고리를 자세히 검토한다. 둘째, 논증의 전제가 참인지 거짓인지 확인한다. 셋째, 논증의 구조와 형식이 타당한지 확인한다. 셋째, 여러 다른 관점에서 논증을 재검토한다. 다섯째, 객관적이고 신뢰할 수 있는 정보를 활용한다.

정리하면, 오류(謬, fallacy)란 본래 잘못된 관념 혹은 거짓된 믿음을 지시하는 말이지만 논리학에서는 올바르지 않은 추론을 지시하는 말로 사용된다. 따라서 '오류'라는 말은 더 정확하게 해서 '오류추론'을 의미한다.

일반적으로 오류는 형식적 오류와 비형식적 오류로 구분된다. 형식적 오류는 추리의 여러 가지 형식 중에서 타당하지 않은 형식으로써 추리를 전개하여 발생하는 오류이다. 그리고 비형식적 오류는 말 그대로 추리의 형식과 관계없이 발생하는 오류이다.

1. 형식적 오류

일반적으로 오류는 형식적 오류가 되었건 비형식적 오류가 되었건 논증의 전제들이 결론을 제대로 뒷받침하지 않는 것 때문에 잘못되었다 할 수 있다. 즉,

그런 오류를 범하는 논증에서는 결론이 전제들로부터 따라 나오지 않고, 그래서 전제들이 설사 참이라 하더라도 그것이 결론이 참이라는 것을 충분하게 보장해 주지 못한다는 것이 문제이다.

형식적 오류는 주로 연역 추론에서 연역 규칙을 어길 때 발생하는데, 겉으로는 타당해 보이지만 실제로는 그렇지 않은 추론 규칙을 사용하는 오류를 말한다. 형식적 오류는 단순히 추론 형식이나 구조를 자세히 살펴봄으로써 알아차릴 수 있고 비형식 오류는 추론이나 논증의 형식이 아니라 추론의 내용에 문제가 있는 오류이다. 논리적 오류는 논리적으로 바른길을 벗어난 현상을 일컫는 말로 두루 쓰이고 있어서 진술이 거짓인 것을 말하기 위해 오류라는 말을 쓰기도 하고, 어떤 행위가 잘못되었다는 것을 말하기 위해서도 오류라는 말을 쓰기도 한다. 형식적 오류는 여러 가지 추리의 타당한 형식이나 규칙을 위반했을 때 나타난다.

(1) 주어 개념 부당주연의 오류

환위추론[1]을 할 때 전제에서 부주연된 개념이 결론에서 주연[2]되는 경우 주어 개념 또는 술어 개념 부당주연의 오류를 범하게 된다. 예를 들면, 「어떤 신은 선하다. 그러므로 모든 선한 것은 신이다.」라는 논증은 전제에서 부주연된 주어 개념이 결론에서 주연되어 있는 부당주연의 오류를 범하고 있다.

(2) 네 개 개념의 오류

정언삼단논법은 세 개의 개념 소개념, 중개념과 대개념으로만 구성된다. 그런

1) 환위추론은 어떤 판단이나 명제의 주어와 술어를 서로 바꾸어 새로운 명제를 만드는 추론 방법이다.

2) 주연(전칭 全稱)은 어떤 명제나 판단의 주어나 술어 개념이 그 대상의 전체를 지칭하는 경우를 말한다. 부주연(편칭 偏稱)은 어떤 명제나 판단의 주어나 술어 개념이 그 대상의 일부만을 지칭하는 경우를 말한다. 주연은 '모든', '전체의' 등의 양화사를 사용하여 표현된다. 예를 들면, "모든 새는 날개가 있다." "전체 학생들은 시험을 봤다." 등이 있다. 부주연은 '어떤', '일부' 등의 양화사를 사용하여 표현된다. 예를 들면, "어떤 새는 날개가 있다." "일부 학생들은 시험을 봤다." 등이 있다.

데 「모든 식물은 생명체이다. 모든 인간은 동물이다. 그러므로 모든 인간은 생명체이다.」와 같이 '식물', '생명체', '인간', '동물' 등 네 개의 개념으로 구성된 정언삼단논법은 부당하다. 이처럼 네 개의 개념이 사용되어서 타당하지 않게 된 정언삼단논법은 네 개 개념의 오류를 범하는 것이다.

(3) 중개념 애매의 오류

애매한 중개념을 사용함으로써 발생하는 오류이다. 예를 들어, 「죄인은 마땅히 처벌을 받아야 한다. 그런데 모든 인간은 죄인이다. 그러므로 모든 인간은 마땅히 처벌을 받아야 한다.」라는 정언삼단논법에서 중개념으로 쓰인 '죄인'이라는 개념이 애매하다. 즉, 대전제에서의 '죄인'은 '범죄자'를 의미하고, 소전제에서의 '죄인'은 『성경』에서 말하는 '원죄를 타고난 인간'을 의미한다. 이와 같이 죄인의 의미가 두 가지로 나타나면 그 개념은 애매한 것이다.

(4) 중개념 부주연의 오류

정언삼단논법에서 반드시 중개념은 한 번 이상 주연되어야 한다. 왜냐하면 중개념이 주연되어야 전제와 결론 간의 타당성이 확보기 때문이다. 만약 중개념이 부주연되면, 전제와 결론 간의 연결이 불충분해져 오류가 발생할 수 있다. 또한 중개념이 부주연되면 전제와 결론 간의 일반화 가능성이 높아진다. 예를 들어, 「모든 동물은 생명체이다. 모든 식물은 생명체이다. 그러므로 모든 식물은 동물이다.」라는 정언삼단논법은 중개념 부주연의 오류를 범하고 있다.

(5) 양 전제 부정의 오류

정언삼단논법에서 두 전제 모두가 부정판단이어서는 안된다. 예를 들어, 「여학교의 모든 학생은 남자가 아니다. 모든 남자는 여자가 아니다. 그러므로 여학교의 모든 학생은 여자가 아니다.」라는 정언삼단논법은 양 전제 부정의 오류를 범하고 있다. 두 전제가 모두 부정판단인 경우, 결론을 도출할 수 없는 논리적 오류이다.

(6) 부당긍정의 오류

정언삼단논법에서 두 전제 중 하나가 부정판단이라면 결론도 반드시 부정판단이어야 한다. 두 전제 중 하나가 부정판단임에도 불구하고 긍정 판단인 결론을 도출한다면 부당긍정의 오류를 범하게 된다. 「모든 식물은 움직이지 않는다. 모든 장미는 식물이다. 그러므로 모든 장미는 움직인다.」라는 정언삼단논법은 부당긍정의 오류를 범하고 있다.

(7) 부당부정의 오류

정언삼단논법에서 두 전제가 모두 긍정 판단이라면 결론도 반드시 긍정 판단이어야 한다. 두 전제 모두가 긍정 판단임에도 불구하고 부정판단을 결론으로 도출한다면 부당부정의 오류를 범하게 된다. 「모든 동물은 생명체이다. 모든 인간은 동물이다. 그러므로 모든 인간은 생명체가 아니다.」라는 정언삼단논법은 부당긍정의 오류를 범하고 있다.

(8) 양 전제 특칭[3])의 오류

정언삼단논법에서 두 전제 모두가 특칭판단이라면 이것은 양 전제 특칭의 오류 혹은 양 특칭 전의 오류를 범한다. 「약간의 생명체는 운동한다. 약간의 생명체는 식물이다. 그러므로 약간의 식물은 운동한다.」라는 정언삼단논법은 양 전제 특칭의 오류를 범하고 있다.

---

3) 전칭판단(Universal Judgment)은 주어가 가리키는 대상 전체에 관해 주장하는 정언 판단이고 특칭판단(Particular Judgment)은 주어가 가리키는 대상 중 일부에 관해 주장하는 정언 판단이다. 예를 들어, "모든 학생은 열심히 공부한다."는 전칭판단이고, "약간의 학생들은 열심히 공부한다."는 특칭판단이다.

(9) 부당전칭의 오류

정언삼단논법에서 두 전제 중 하나가 특칭이라면 결론도 반드시 특칭판단이어야 한다. 두 전제 중 하나가 특칭판단임에도 불구하고 전칭판단인 결론을 도출한다면 부당전칭의 오류를 범하게 된다. 「약간의 학생은 남자이다. 모든 여자는 남자가 아니다. 그러므로 모든 여자는 학생이 아니다.」라는 정언삼단논법은 부당전칭의 오류를 범하고 있다.

(10) 대개념 또는 소개념 부당주연의 오류

환위추론의 경우와 마찬가지로 정언삼단논법에서도 전제에서 부주연된 개념이 결론에서 주연되어서는 안된다. 이를 위반할 경우 부당주연의 오류를 범하게 된다. 정언삼단논법의 경우 전제에서 사용된 개념 중에서 다시 결론에서 사용되는 개념은 소개념과 대개념 둘이 있으므로, 소개념이 부당하게 주연되는 경우와 대개념이 부당하게 주연되는 경우가 있을 수 있다. 전자를 소개념 부당주연의 오류라고 하고, 후자를 대개념 부당주연의 오류라고 한다.

「모든 식물은 생명체이다. 모든 동물은 식물이 아니다. 그러므로 모든 동물은 생명체가 아니다.」라는 정언삼단논법은 대개념 부당주연의 오류를 범하고 있다. 또 「모든 동물은 생명체이다. 모든 동물은 움직인다. 그러므로 모든 움직이는 것은 생명체이다.」라는 정언삼단논법은 소개념 부당주연의 오류를 범하고 있다.

(11) 전건[4] 부정의 오류

전건 부정의 오류는 조건 명제에서 발생하는 대표적인 논리적 오류이다. 이것

4) 전건(antecedent)과 후건(consequent)은 가언추론에서 사용되는 핵심 개념이다. 전건(antecedent)은 가언추론의 조건절, 즉 '만약 ~라면' 부분이고 후건(consequent)은 가언추론의 결과절, 즉 '~일 것이다' 부분이다. 예를 들어, "만약 비가 오면, 우산을 가지고 갈 것이다."에서 '비가 오면'이 전건, '우산을 가지고 갈 것이다'가 후건이다.

은 전제에서 전건을 부정하고 결론에서도 후건을 부정하는 오류이다. 「비가 온다면 땅이 젖을 것이다. 비가 오지 않았다. 그러므로 땅이 젖지 않았다.」라는 부분 가언삼단논법은 전건 부정의 오류를 범하고 있다. 왜냐하면 비가 오지 않아도 인위적으로 물을 뿌린다면 땅이 젖을 수 있기 때문이다.

(12) 후건 긍정의 오류

후건 긍정의 오류가 발생하는 이유는 조건 명제에서 후건이 거짓이라고 해서 전건이 반드시 거짓이 되는 것은 아니기 때문이다. 후건이 거짓이더라도 전건은 여전히 참일 수 있다. 예를 들어, 「우등생이라면 논리학 성적이 우수할 것이다. 그는 논리학 점수가 우수하다. 그러므로 그는 우등생일 것이다.」라는 부분 가언삼단논법은 후건 긍정의 오류를 범하는 것이다. 왜냐하면 그의 논리학 점수가 우수하다고 하더라도 다른 과목의 점수가 우수하지 않아서 우등생이라고 할 수 없는 경우도 있을 수 있기 때문이다.

(13) 선언 불완전의 오류

선언 불완전의 오류는 전제에서 모든 가능성을 고려하지 않고 일부만 고려하여 결론을 내릴 때 발생하는 오류이다. 예를 들어, 회의를 진행하는 의장이 어떤 두 가지 안건에 대해 표결 붙일 때 첫 번째 안건에 찬성하는 사람의 수가 과반수가 되지 않는다고 해서 두 번째 안건이 통과되었다고 선언한다면, 이 의장은 선언 불완전의 오류를 범하는 것이다. 왜냐하면 두 안건 모두에 대해서 찬성하지 않는 사람, 즉 기권자가 있을 수 있음에도 불구하고 기권자를 하나의 선언지로 취급하지 않았기 때문이다.

2. 비형식적 오류

형식적 오류는 말 그대로 형식이나 법칙 중에서 타당하지 않은 형식이나 법칙으로 추론을 전개하여 발생하는 오류이다. 이에 반해 비형식적 오류는 말 그대로 추론의 형식과 관계없이 발생하는 오류이다. 이 비형식적 오류에는 언어를 잘못 사용함으로써 발생하는 언어적 오류와 우리가 가지고 있는 배경지식이 거짓이어서 발생하거나 자료를 잘못 적용하여 발생하는 자료적 오류가 있다. 그리고 첨가하면 일반적인 논리학의 체계에서는 오류론에 포함하여 다루고는 있지만 사실상 오류라고 하기보다는 오히려 '기만'이라고 불러야 할 일련의 오류들이 있다. 이것은 전제와 결론 사이에 아무런 논리적 관계가 없지만 상대방의 심리적 상태나 상대방이 가지고 있는 특수한 정황에 호소하여 자신의 주장이 옳다고 일종의 속임수를 말한다. 이러한 의미에서 이것을 비논리적 유관성의 오류 또는 심리적 오류라고 부르는 것이 적절하다.

1) 언어적 오류

언어적 오류는 언어를 잘 못 사용하여 나타나는 오류이다. 언어의 구조나 기능에 대한 잘못된 인식에서 비롯된다. 따라서 논증에 포함된 단어나 구절, 문장이 논증의 의미를 왜곡하거나 흐리게 만드는 명확성의 오류라고도 할 수 있다. 즉, 주장이나 정보가 제대로 전달되지 않은 경우를 일컫는다. 이런 오류는 애매모호[5]를 극복하여 명석 판명하게 표현해야 한다.

5) 우리는 보통 '애매모호하다'는 말을 합해서 '불분명하다'는 뜻으로 사용하지만, 논리학에서는 이 두 가지를 엄격하게 구분하고 있다. 먼저 '애매하다'는 것은 어떤 단어나 문장이 두 가지 이상의 뜻으로 해석되는 경우를 말한다. '밤', '사과' 같은 단어가 그 예다. '모호하다'는 말은 단어나 문장의 뜻이 지시하는 것이 분명치 않다는 뜻이다. '잘생겼다', '부자다'라는 표현이 그 예다. 얼마나 생기거나 부를 가져야 하는지 판단의 기준이 없는 경우이다.

(1) 애매문의 오류

애매문의 오류는 문장을 애매하게 사용함으로써 발생하는 오류이다. 대체로 하나의 문장이나 표현에서 두 가지 이상의 서로 다른 의미로 해석될 수 있는 경우를 말하는데 이는 청자나 독자가 발화자의 의도를 정확히 파악하기 어렵게 만들어 논증의 효과를 떨어뜨리는 문제가 있다.

옛날 리디아의 국왕 크로이소스는 페르시아 왕국과의 전쟁을 계획하였다. 매사에 신중한 크로이소스는 이 계획을 실행에 옮기기 전에 델포이의 신전에 신탁(神託)을 구했다. 그 결과 크로이소스는 "크로이소스가 키루스(페르시아의 국왕)와 전쟁을 한다면 그는 강한 왕국 하나를 멸망시킬 것이다."라는 신탁을 받았다. 이에 힘을 얻어 크로이소스는 즉각 페르시아를 침공했으나, 리디아군은 강력한 페르시아군에게 패배하여 전멸하고 크로이소스와 몇몇 부관들만 겨우 목숨을 부지하여 리디아로 돌아왔다. 매우 화가 난 크로이소스는 신전의 승려에게 신탁을 잘못 해석한 것이 아니냐고 항의하는 편지를 보냈더니, 얼마 후 델포이 신전의 승려에게서 다음과 같은 답장이 왔다. "신탁은 적중하였습니다. 당신은 키루스와 전쟁을 하여 결국 강한 왕국이었던 당신 자신의 왕국을 멸망시켰습니다."

여기서 신탁은 애매구의 오류를 범했다. 이 신탁에서 '강한 왕국'이 지시하는 것은 실제로 리디아일 수도 있고 페르시아일 수도 있다. 그러나 신탁은 그 말이 지시하는 것을 구체적으로 밝히지 않고 애매하게 사용함으로써 오류를 범하고 있다.

(2) 강조의 오류

문장에서 어떤 낱말이나 구절을 강조하면 그 원래 의미를 왜곡할 수 있다. 이를 강조의 오류라 한다. 예를 들어, "너희는 네 이웃에 대하여 거짓 증거하지 말지니"라는 십계명의 9번째 계명에서 '이웃'을 강조하면 이웃이 아닌 사람에게 거짓말을 해도 된다는 의미가 된다. 반대로 '너희'를 강조하면 다른 사람은 몰라도 너희들은 거짓말을 하지 말라는 의미가 되어 버린다.

(3) 부당한 재정의의 오류

부당한 재정의의 오류는 이미 일정한 의미를 가지고서 사회적으로 통용되고 있는 어떤 낱말의 의미를 임의적으로 재정의하여 사용함으로써 발생하는 오류다. 예컨대, 노래를 잘하는 친구를 보고 "저 친구 가수네."라고 말한다면 이것은 부당한 재정의의 오류를 범하는 것이다. 즉, '가수'란 본래 "노래 부르기를 직업으로 하는 사람"을 의미하지만, 여기서는 "노래를 잘하는 사람"으로 재정의하는 것이다. 우리가 사용하는 말은 고정불변의 의미를 가지고 있지 않다. 지식의 체계가 변화하는 데 따라 말의 의미도 변하기 마련이고 새로운 의미가 부여된다. 그렇다고 어떤 말의 의미를 자의적으로 변화시키거나 변형시킬 수 있다는 의미는 아니다.

2) 자료적 오류

자료적 오류는 판단이나 주장의 대상이 되는 자료나 정보에 대해 그릇된 판단에 근거하여 주장을 끌어내는 오류를 말한다. 즉, 잘못된 자료나 정보를 바탕으로 논증을 전개하여 잘못된 결론에 도달하게 되는 것이다. 예를 들어, 주어진 자료를 과대평가하거나 과소평가하여 발생하는 오류다. 감정에 호소하는 심리적 오류와 달리 순수하게 발생하는 무지에 의한 지적 오류다.

(1) 거짓 원인의 오류

이것은 단순한 사건의 선후관계를 인과관계로 오인하는 오류이다. 원인과 결과의 관계는 일반적으로 선후관계를 가지고 있지만, 항상 원인과 결과의 관계가 그렇지 않은 경우도 있다는 것이다. 예를 들면, 까마귀가 날 때 배가 떨어질 수 있지만, 까마귀가 날 때마다 항상 배가 떨어지는 것은 아니다. 또는 감기로 휴식을 취하다가 우연히 매운탕에 소주를 먹고 나은 것을 보고 감기는 매운탕에 소주가 최고야 하고 주장하면 거짓 원인의 오류에 빠진 것이다. 거짓 원인의 오류에는 어떤 결과의 원인이 아닌 것을 그 결과의 원인으로 오인하는 경우와 단순한 시간적 선후관계를 인과관계로 오인하는 경우가 있다.

(2) 성급한 일반화의 오류

일상에서 우리는 여러 경우가 가지는 공통점을 찾아서 그것들의 성격을 이해하려고 할 때 관계된 경우의 일부만을 보거나 그것들의 제한된 면만을 주목하게 된다. 예컨대, 우리나라를 처음 방문한 어떤 외국인 사업가가 공항에서 본 항공회사의 여승무원들과 호텔에서 본 여직원들과 사업차 방문한 국내회사의 여직원들을 본 후 그들이 모두 키가 크다는 사실을 통하여 "한국의 모든 여성은 키가 크다."고 한다면 이 외국인은 성급한 일반화의 오류를 범하고 있는 것이다. 제한된 증거를 가지고 귀납적 일반화로 직행할 때 발생하는 오류다.

(3) 근시안적 귀납의 오류

우리는 이미 알려진 사실을 외면하고 잊어버리고 여러 가능한 자료를 폭넓게 조사하지 않고 어떤 결론에 도달할 때 나타나는 오류다. 이것은 가능한 자료를 폭넓게 보지 못하고 눈앞에 보이는 것들만을 토대로 하여 자료를 수집함으로써 옳지 못한 결론에 도달할 때 발생한다.

과학 시간에 온도변화에 따른 물체의 수축–팽창 현상을 배운 중학생 갑은 그것이 사실인가를 확인하기 위해서 기온차가 심한 여름과 겨울에 각각 교량의 길이를 줄자로 측정해 보았다. 그런데도 여름과 겨울의 측정치가 다르지 않다는 사실을 확인한 갑은 온도변화에 따른 물체의 수축–팽창 현상이 옳지 않다고 주장했다.

이 예에서 중학생 갑은 근시안적 귀납의 오류를 범하고 있다. 즉, 갑은 온도변화에 따라 줄자의 길이도 역시 변한다는 사실을 간과했다. 따라서 가능한 여러 자료를 폭넓게 조사하지 않은 채 근시안적인 안목으로 어떤 결론에 도달할 때 범하게 되는 오류다.

(4) 결합의 오류

이것은 어떤 대상의 부분들이 가지고 있는 속성을 그 대상 자체도 가지고 있다고 생각하는 오류다. 최고의 성악가들로 구성된 합창단이 최고의 합창단이 될 것으로 생각하는 경우다.

(5) 분할의 오류

분할의 오류는 결합의 오류와 정반대다. 즉, 결합의 오류는 부분들에서 전체의 속성을 추리하려고 하지만 분할의 오류는 전체의 속성에서 부분들의 속성들을 추리하려고 하는 오류다. 예를 들어, 어떤 학교가 훌륭한 학교라고 해서 그 학교에 다니는 모든 학생이 우수하다고 한다면 이것은 분할의 오류를 범하는 것이다.

(6) 우연의 오류

이것은 우연적인 상황 때문에 일반적인 원리나 규칙을 적용할 수 없는 예외적 경우에도 그 일반적인 원리나 규칙을 적용할 때 발생하는 오류이다. 이 우연의 오류는 대부분의 일반적인 원리나 규칙이 공인되는 예외를 포함하고 있다는 사실을 무시하고 이러한 예외를 인정하지 않을 때 종종 발생한다. 따라서 우연의 오류는 '성급한 일반화의 오류'와 반대로, 일반적으로 적용되는 원리나 규칙을 그것이 적용할 수 없는 예외적일 때 적용하여 범하는 오류다. 예를 들어, 술을 마시면 운전하면 안 된다는 원칙이나 규칙을 따르지 않고 술 마셔도 운전을 잘 한 특수한 경우를 들어 술을 마셔도 운전해도 된다고 주장하는 경우다.

(7) 역도(逆倒) 우연의 오류

역도 우연의 오류는 말 그대로 우연의 오류가 뒤바뀌어 있는 것이다. 즉, 역도 우연의 오류는 특수한 원리나 규칙을 부당하게 일반화함으로써 발생하는 오류이다. 예를 들어, 사형집행관이 사형집행을 하고도 떳떳하게 살아가므로 살인자를 엄하게 처벌하는 것은 부당하다고 주장한다면, 이것은 역도 우연의 오류를 범하는 것이다.

(8) 흑백 사고의 오류

이것은 어떤 집합의 원소가 단 두 개뿐이라고 가정하고 그 하나가 아니면 무조건 다른 하나일 것이라고 단정하는 데서 발생하는 오류이다. 예컨대, 어떤 사람이 유신론자가 아니라고 해서 그를 무조건 무신론자라고 단정하는 것이 그 예이다. 왜냐하면 유신론자와 무신론자 외에도 불가지론자가 있을 수 있기 때문이다. 이 흑백 사고의 오류는 잘못된 이분법적 사고방식이라고도 한다.

(9) 복합질문의 오류

이것은 명시적으로는 하나의 질문을 하면서 암묵적으로는 두 가지의 질문을 포함하는 경우에 발생하는 오류이다. 어떻게 대답하더라도 대답하는 사람이 수긍할 수 없거나 수긍하고 싶지 않은 점을 수긍하는 결과를 야기시키는 질문을 하는 오류다. 예를 들어, “자네 이제는 도박을 끊은는가?”라는 식의 질문은 복합질문의 오류를 범하는 것이다. 이 질문은 사실상 “전에 도박을 하였는가?”라는 질문과 “지금도 도박을 하고 있는가?”라는 질문이 결합된 것이다. 그런데 이러한 복합질문의 오류를 깨닫지 못하고 “예”라고 답한다면 전에 도박을 하고 있다는 것을 시인하는 것이 되며, 또 "아니오"라고 답한다면 앞으로 지금도 도박을 한다는 것을 말하는 것이므로 이러지도 못하고 저러지도 못하는 꼴이 되고 만다. 따라서 이러한 복합질문이 제기될 경우에는 우선 그 질문에 포함되어 있는 세부적인 질문들을 분석해 낸 후 그 각각의 물음에 대하여 각각의 대답을 제시하면 된다.

(10) 무지에 호소하는 논증

이것은 다른 사람의 무지를 이용하여 자신의 주장을 관철하려는 경우에 발생하는 오류이다. 어떤 주장이나 이론이 반증되지 못했기 때문에 참이라고 하던가, 그 주장이나 사상이 증명되지 못했기 때문에 거짓이라고 추론하는 오류다. 예를 들어, "신은 존재하지 않는다. 왜냐하면 지금까지 신이 존재한다는 사실이 입증되지 않았기 때문이다."와 같은 논증이 무지에 호소하는 논증의 대표적인 사례이다.

(11) 도박사의 오류

이것은 "모든 사건은 앞에서 일어난 사건과 독립되어 있다."라는 확률법칙의 가정을 받아들이지 않는 데서 나타난다. 예를 들어, 타율이 3할 3푼 3리인 타자가 앞의 두 번의 타석에서 안타를 치지 못했기 때문에 세 번째 타석에서 반드시 안타를 칠 것이라고 주장한다면 이것은 도박사의 오류를 범하는 것이다.

(12) 논점 일탈의 오류

이것은 어떤 논리를 뒷받침하기 위해 제시한 근거가 실제로는 다른 주장를 뒷받침하는 경우에 발생하는 오류다. 즉, 논의의 초점을 벗어나 다른 주제로 빗나가는 것을 말한다. 그 특징은, 첫째, 논의의 핵심 주제와 관련이 없는 내용을 제시하는 경우, 둘째, 질문의 본질적인 내용을 다루지 않고 엉뚱한 방향으로 답변

하는 경우, 셋째, 논리적 연관성이 없는 내용으로 논의를 전환하는 경우다. 예를 들어, 어떤 사람을 살인 용의자로 기소한 검사는 법정의 심리 과정에서 살인 용의자가 살인했다는 사실을 입증해야 한다. 그런데 그것을 입증하지 않고 살인을 매우 극악무도한 행위인 것만 제시하고 있다면 이 검사는 논점 일탈의 오류를 범하고 있다.

3) 비논리적 유관성의 오류

비논리적 유관성의 오류는 감정이나 욕구 때문에 오도되는 추론에서 나오기 때문에 심리적 오류라고도 한다. 비논리적이란 논리적 논의와 상관없는 전제에서 이끌어 내는 결론이나 근거를 합당하게 제시하지 않고 감정적으로 호소하는 경우를 일컫는다.

(1) 동정이나 연민에 호소하는 오류

이것은 다른 사람의 동정심이나 연민을 유발해 자신의 주장을 관철하려는 경우에 발생하는 오류이다. 예컨대, 자신이 고아이고 돌봐 주는 사람이 없었기 때문에 어쩔 수 없이 먹을거리를 훔쳤다고 호소함으로써 재판관의 선처를 바라는 경우가 그 대표적인 사례이다.

(2) 위협이나 공포에 호소하는 오류

이것은 다른 사람을 위협하여 자신의 주장을 관철하려는 경우에 발생하는 오류이다. 예를 들어, 자신의 주장에 찬성하지 않는 사람은 모두 처단하겠다고 위협함으로써 자신의 주장을 관철하려는 독재자의 논리는 위협에 호소하는 논증의 오류를 범하고 있는 것이다.

(3) 권위나 힘에 호소하는 오류

이것은 권위 있다고 인정되는 사람이나 자료에 호소하여 자신의 주장을 관철하려는 경우에 발생하는 오류이다. 예를 들어, 자신의 말이 『성서』에 나오는 것이므로 정당하다거나 공자(孔子)의 말이므로 정당하다고 주장하는 것은 권위에 호소하는 논증의 오류를 범하는 것이다. 특히 일반적으로 어떤 한 분야에서 권위자라고 인정되는 사람이나 자료에 호소하여 다른 분야의 문제를 논증하려는 경우가 있는데, 이것을 '부적합한' 권위에 호소하는 논증의 오류라고 한다. 예를 들어, 정치계의 권위자인 국회의장이 종교의 문제에 대해 말한 것에 호소하여 자신의 종교적 입장이 정당하다고 주장한다면 이것은 부적합한 권위에 호소하는 논증의 오류를 범하는 것이다.

(4) 아첨에 호소하는 오류

이것은 다른 사람에게 아첨하여 그의 판단력을 흐리게 한 후 자신의 주장을 관철하려는 경우에 발생하는 오류이다. 예를 들어, "당신 같은 미인이 이 옷을 입지 않으면 누가 이 옷을 입겠습니까?"라는 식으로 옷을 팔려는 사람의 주장은 바로 아첨에 호소하는 논증의 오류를 범하고 있는 것이다.

(5) 사적 관계에 호소하는 오류

이것은 가족, 종친, 동문, 동향 등의 사적 관계에 호소함으로써 자신의 주장을 관철하는 경우에 발생하는 오류이다. 예컨대, "동향사람 좋다는 것이 무엇입니까? 이번에 저를 한번 밀어 주십시오."라는 식의 논증은 사적 관계에 호소하는 논증의 오류를 범하는 것이다.

(6) 사람에 호소하는 오류

이것은 어떤 주장의 옳고 그름을 입증하지 않고 그 주장을 펴는 사람의 신분,

지위, 재산, 인격, 사상 등과 같은 정황에 호소하여 자신의 주장을 관철하려는 경우에 발생하는 오류이다. 예를 들어, 한 사람이 어떤 주장을 할 때 그 주장이 마땅치 않으면 그 주장의 문제점을 지적하지 않고 "저 사람은 목사이므로 저 사람의 주장은 종교적 편견에 사로잡혀 있을 것이다."라고 한다면 사람에 호소하는 논증의 오류를 범하는 것이다.

(7) 대중에 호소하는 오류

이것은 '대중'이라는 불특정한 익명 다수의 일반적인 심리에 호소하여 자신의 주장을 관철하려는 경우에 발생하는 오류이다. 대중의 일반적인 심리는 여러 가지로 나타날 수 있다. 첫째, 대중은 다른 사람들 대다수가 그렇게 생각한다면 그것이 맞다고 믿는 심리적 경향이 있다. "당신만 모르고 있지 모두 그렇게 하고 있습니다."와 같은 말로 소비자를 설득하려는 상품광고는 이러한 대중심리에 호소하여 자신의 주장을 관철하려는 오류를 범하고 있다. 둘째, 대중은 우위 모방적 심리를 가지고 있다. 즉, 자신보다 우위에 있다고 생각하는 사람들을 모방함으로써 자신도 그와 같은 지위를 가질 수 있다고 믿는 경향이다. "유명한 배우 ○○○씨가 이 자동차를 탑니다.", "선진국 국민은 모두 이렇게 합니다."와 같은 광고문구들이 이 우위 모방적 심리에 호소하는 논증들이다. 특수한 상황에서 형성된 특수한 심리적 분위기에 동조하는 군중심리도 대중의 일반적인 심리라고 할 수 있다. 예를 들어, 자신들의 지역에 혐오시설을 설치하려는 정부의 안에 반대하는 주민 집회에서 한 야당 의원이 그 상황을 이용해 자신을 지지해 달라고 주장한다면 이 야당 의원은 군중심리에 호소하여 자신의 주장을 관철하려는 오류를 범하는 것이다.

(8) 증오심에 호소하는 오류

이것은 다른 사람이 어떤 대상에 대해 가지고 있는 증오심에 호소하여 자신의 주장을 관철하려는 경우에 발생하는 오류이다. 예를 들어, 우연하게도 A지역 출신의 사원들에 대한 불만이 많이 쌓여 있는 사장에게 B지역 출신의 임원이 이번 신규 채용 때 B지역 출신만을 채용하자고 주장한다면, 이 임원은 사장의 A지역 출신 사원에 대한 불만을 이용해 증오심에 호소하는 논증의 오류를 범하고 있는 것이다.(또 다른 예, 진보와 보수, 반일과 반한감정, 지역감정(영호남 대립 등))

(9) 농담이나 유머에 호소하는 오류

이것은 다른 사람의 주장을 농담거리로 만듦으로써 자신의 주장을 관철할 때에 발생하는 오류이다. 이것은 특히 여러 사람 앞에서 공개적인 토론을 할 경우 토론에 참여하는 당사자들이 종종 범하는 오류이다. 예를 들어, 자신과 대립하는 어떤 토론자가 주제에 대한 그의 견해를 제기한 후 자신에게 발언권이 돌아왔을 때 "당신과 같은 대머리 신사에게서도 그렇게 훌륭한 제안이 제기되다니 정말 놀라운 일입니다."와 같은 농담으로 시작한다면, 청중들은 이 농담에 모두 웃음을 터뜨리면서 앞에서 상대방이 제기한 의견에 대해서는 거의 망각하게 될 것이고 자신의 주장만 기억에 남게 될 것이다. 이러한 방식으로 자신의 주장을 관철하는 경우가 농담에 호소하는 논증의 오류이다.

(10) 우물에 독 뿌리기의 오류

이것은 어떤 주장에 대한 반론이 일어날 가능성(우물)을 비판함(독 뿌리기)으로써 반론이 제기될 가능성을 원천적으로 봉쇄하여 자신의 주장을 관철하려는 경우에 발생하는 오류이다. 예를 들어, "'인간은 타락하였다.'라는 나의 주장에 동의하지 않는 자는 그 자신이 이미 타락하였음을 증명하고 있는 것이다."라는 식의 논증은 우물에 독 뿌리기의 오류를 범하고 있다. 이럴 때 대응할 방법은 입증의 책임을 상대방에게 떠넘기는 것이다. 예를 들어, "그래서?" 또는 "주장의 근거를 제시해 봐?"라고 반문하는 것이다.

사례 연구

우리는 과학기술의 미래에 대하여 낙관적인가?

"오늘날 과학기술은 공기와 같다."라는 비유가 있다. 이러한 비유를 통해서 우리는 과학기술의 사회문화적 영향력을 실감하게 되고, 과학기술이 우리가 살아가는 데 없어서는 안 될 조건인 것을 감지할 수 있다. 21세기를 살아가는 우리에게 과학기술이 가져다준 공헌은 말할 수 없을 만큼 크다 해도 과언이 아니다. 그러나 우리는 이러한 공헌 이면에 함께 따라오는 다른 힘이 인간성과 삶 자체를 송두리째 뒤흔들어 놓은 역사적 사실을 되새겨 본다면 과학기술의 문제점도 크다는 것을 부인할 수 없다. 우리는 과학기술이 우리의 의도와 관계없이 잘못 사용되는 날이면 자연과 인류 전체를 파멸로 이끌어 갈지도 모른다는 데 주목한다.

이런 점에서 본다면 우리는 과학기술의 발전과 함께 따라온 사회문화적 발전에 대해 다음의 몇 가지 점을 이해해야 할 것이다.

첫째, 과학기술은 우리의 삶의 모습을 전적으로 변혁해 놓을 만큼 혁명적이다. 즉, 과학기술은 인간의 사고방식, 교육제도, 인간과 자연의 관계를 포함한 삶 전체를 변경시켜 놓고 만 것이다.

둘째, 발전이라는 개념을 바라보는 관점의 전환이다. 지금까지 경제적으로 성장만 하면 다 발전이라고 생각하여 어떻게 해서든지 산업화를 이룩하여 물질적으로 성장만 하면 된다는 그런 관점은 바뀌어야 한다. 즉, 지금 우리가 당면하고 있는 생태학적 또는 문화적 위기를 참작하여 경제적이고 물질적인 성장을 넘어 "적정수준의 발전"이라는 개념에로의 전환을 시도해야 하는 것이다.

셋째, 어떻게 하면 급속도로 발전하는 과학기술이 가져다주는 혁명적 변화를 바르게 방향 지어 나갈 것이냐 하는 문제이다. 현대사회를 '위험사회'라고 정의하는 학자의 진단은 우리가 이대로 나가다가는 모조리 멸망할지도 모른다는 위기의식을 반영하는 것이다. 예를 들어, 생태학적 위기가 오늘날 우리에게 가져오는 문제만 하더라도 인류가 지구상에 존속하느냐 파멸하고 마느냐 하는 중대한 경고를 우리에게 던져 준다.

이제 인류는 자연을 대상화하여 마치 기계처럼 함부로 조작하고 지배함으로써 환경을 파괴해 온 사상사적 배경에 비판을 가하고, 이제는 어떻게 하면 자연과 공존할 수 있는가를 배워야 한다. 인류의 과제는 어떻게 하면 인간과 자연이 서로 조화롭게 살아가느냐 하는 것을 해결하는 것이다. 더욱이 과학기술이라는 영역이 지금까지 세분화되고 전문화돼서 그 지식을 적용하는 곳인데 '부분적 확실성'을 기하기는 비교적 쉬우나 '전체적 연관성'을 찾아보기는 어렵다. 즉, 과학기술자들은 숲에 고립되어 나무라는 부분의 지식을 전문적으로 찾았을 뿐 숲이라는 전체를 보는 데는 소홀했다는 것이다.

또한 갈수록 현대 과학기술에 대한 대중의 불신이 커지고 있다. 그 불신의 정도를 정확히 가늠하는 것은 쉽지 않은 일이나, 최소한 그 추이를 짐작해 보는 것은 가능하다. 그 한 가지 방법은 대중들이 가장 많이 접하는 영화 속에서 과학기술이 어떤 식으로 비치는지 살펴보는 것이다. 영화 속에 비친 과학기술 이미지를 계속 추적해 온 한 과학기술학자는 영화 속에 비치는 미래 사회의 모습은 유토피아보다 디스토피아의 전망이 우세하며, 과학자의 이미지 역시 이타적이고 선하기보다는 사악하고 미친 과학자로 그려지는 경우가 대부분이라고 지적한다. 상업적인 영화들이 대중들의 정서를 크게 벗어나지 않는 방식으로 제작된다는 것을 염두에 둔다면, 이런 영화 속 과학기술 이미지는 대중이 과학기술의 발전에 근본적인 우려와 불신을 갖고 있다는 것을 말해 준다. 대중은 한편으로는 과학기술의 발전에 기대를 갖고 있으면서도, 다른 한편으로는 그것이 가져올 미래를 불안해하고 있는 것이다.

결국 21세기를 살아가는 우리는 공기와 비유되는 과학기술의 영향력이 우리의 손아귀에서 벗어나 우리의 삶과 앞날을 좌지우지한다는 것을 깨달았다. 거대한 힘을 가지고 인간의 삶과 사회구조를 송두리째 변천시켜 가고 있는 이 엄청난 과학기술의 권력 앞에 인간은 무력한 존재가 되어 가고 있다. 즉, 인류는 인간이 스스로의 호기심을 채우려는 욕망으로 만들어 놓은 바로 그 과학기술이 인류를 노예로 삼을지도 모른다는 위기에 처해 있는 것이다. 이러한 위기의식에서 벗어나기 위하여 우리는 과학기술이 더 이상 인간과 자연 간의 생태적 불균형을 심화시키는 수단이 되도록 내버려 두어서는 안 된다. 미래를 지향하는 인류는 현대와 같은 자연에 대한 과학기술의 횡포를 지양하고 환원적인 자연과의 균형을 이룰 수 있는 과학기술의 창안에 주력해야 한다.

출처: 김은철 외, 『철학적 리터러시 연습을 위한 에세이들』

1. 주어진 제시문의 각 단락에서 주장과 이유를 찾아 옮겨 적어 보자.

2. 주어진 제시문에서 보완하거나 비판할 점을 찾아보자.

3. 글을 읽고 자신의 생각을 정리하여 논리적 글쓰기를 표현해 보자.

Chapter 11 문제의 이해

Chapter 11 문제의 이해

1. 문제의 정의

문제해결의 출발점은 문제에 대한 이해다. 앞에서 학습한 창의적 사고, 비판적 사고, 합리적 사고, 논리적 사고도 결국 문제에 부딪혔을 때 그 문제를 해결하기 위한 것이다. 그런데 우리는 개개인의 성향으로 인해 문제에 대한 이해나 해결이 잘되지 않을 때가 종종 있다. 조직에서 문제가 발생하면 구성원들은 의사결정 과정에 참여하게 되는데, 이때 조직의 의사결정은 집단으로 이루어지는 경우가 많으며, 여러 가지 제약요건이 존재하기 때문에 조직의 의사결정에 적합한 과정을 거친다.

조직에서 의사결정은 개인의 의사결정에 비해 복잡하며, 신속하게 이루어져야 할 때가 많고, 확실하지 못한 환경이나 수단이나 결과가 명확하게 정의된 상태에서 이루어지기도 한다. 또 한 사람의 관리자에 의해 결정되는 것이 아니라 많은 구성원의 참여와 협력이 요구된다. 문제를 해결하기 위해서 여러 부서가 관여하고, 다양한 견해를 내기도 하며, 심지어 외부의 조직도 개입되기도 한다.

1) 문제의 정의

문제란 기본적으로 명확한 해결방안이 보이지 않는 바람직하지 않은 상태이며, 문제를 한마디로 정의하면 '기대수준(what should be)과 현재수준(what is)의 차이이다. 기대수준은 목표, 바람직한 상태, 기대되는 결과, 있어야 할 모습 등으로 불린다. 현재수준은 현상, 예상되는 상태, 실제의 결과, 실적, 현재의 모습 등으로 불린다. 따라서 문제는 목표와 현상의 차이, 기대되는 결과와 실제 결과와의 차이라고 할 수 있다.

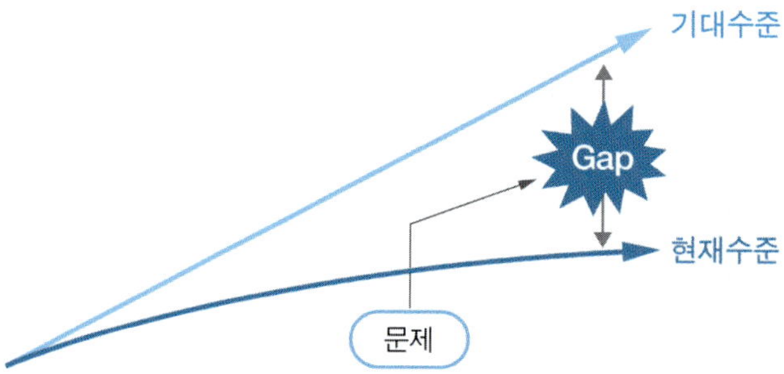

문제의 정의

어느 기업이 1년 경영목표를 100억 원을 목표로 하고 노력한 결과 100억 원이 달성되었다면 문제가 되지 않지만, 90억 원만 달성했다면 10억 원의 Gap이 발생하므로 그 기업은 경영목표를 달성하지 못했으므로 문제가 되는 것이다.

또 자취하는 대학생의 한 달 용돈이 50만 원이 필요한데 부모로부터 30만 원을 받는다면 이는 문제가 되지 않지만, 부모님이 30만 원만 주신다면 이는 문제가 되는 것이다.

2) 문제의 의미

문제를 해결하려면 문제가 무엇인지를 명확히 파악해야 하며, 문제의 핵심이 무엇인지를 알면 문제의 반은 풀린 것과 같다. 그러나 문제를 해결하기를 원하지만 실제로 해결해야 하는 방법을 모르고 있는 상태나, 얻고자 하는 해답이 있지만, 그 해답을 얻는 데 필요한 일련의 행동을 알지 못하는 경우가 있다.

이러한 문제는 흔히 문제점과 구분하지 않고 사용하는데, 문제점이란 문제의 근본 원인이 되는 사항으로 문제해결에 필요한 열쇠인 핵심 사항을 말한다. 예컨대, 난폭운전으로 전복사고가 일어났을 때, 사고의 발생이 문제이며, 난폭운전은 문제점이다. 이렇게 문제점은 개선해야 할 사항이나 손을 써야 할 사항, 그에 의해서 문제가 해결될 수 있고 문제의 발생을 미리 방지할 수 있는 사항을 말한다. 이를 그림으로 표시하면 다음과 같은데 문제의 핵심이 무엇인지 알면 문제의 반은 풀린 것과 같다.

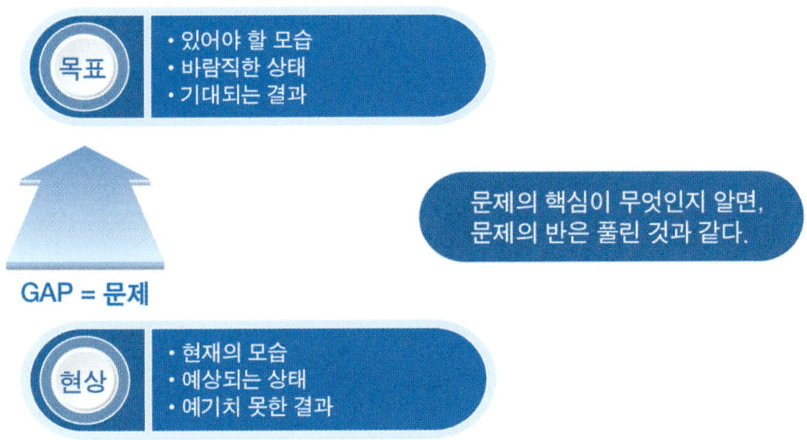

문제의 의미

3) 문제해결

문제가 발생하면 대표적으로 창의적 방법과 분석적 방법을 통해 해결방안을 찾을 수 있다. 앞에서 언급한 10억 원의 Gap이 발생할 경우, 외부적인 다른 마케팅 방안과 새로운 모델을 개발해 10억 원의 실적을 올렸다면 이는 창의적인 문제해결 방법이고, 내부적으로 경비를 절감하고 관리성 비용과 절감 등을 통해 10억 원을 절감하고 결국 이익이 100억 원을 달성했다면 분석적 문제해결로 경영을 이룬 것이다.

문제해결 방안

구분	창의적 문제	분석적 문제
정의	현재 문제가 없더라도 보다 나은 방법을 찾기 위한 문제 탐구로 문제 자체가 명확하지 않음	현재의 문제점이나 미래의 문제로 예견되는 문제 탐구로, 문제 자체가 명확함
특징	주관적, 직관적, 정성적, 감성적, 개별적, 특수성	객관적, 논리적, 정량적, 이성적, 일반적, 공통성
해결 방법	창의력에 의한 많은 아이디어의 작성을 통해 해결	분석, 논리, 귀납과 같은 논리적 방법을 통해 해결
해답 수	해답의 수가 많으며, 많은 답 가운데 보다 나은 것을 선택	답의 수가 적으며, 한정되어 있음

쉬어 가는 코너

❶ 야구방망이와 야구공을 함께 사면 11,000원이다. 방망이가 공보다 10,000원 더 비싸다. 그러면 공은 얼마인가?

❷ 5개의 부품을 만들려면 5대의 기계를 5분 동안 가동해야 한다. 100대의 기계로 100개의 부품을 만들려면 시간은 얼마나 필요할까?

❸ 어떤 호수 위에 물풀들이 자란다. 이 물풀은 매일 두 배로 넓어지는데 만일 물풀이 호수 전체를 덮는 데 10일이 걸린다면 호수의 반을 덮는 데는 며칠이 걸릴까?

사례 연구 1

문제를 문제로 인식하기

K 과장은 영업부에서 유능한 세일즈맨으로 인정받고 있었다. 그는 세심하고 적극적인 성격과 좋은 인상으로 처음 만나는 상대와도 쉽게 친해지는 장점으로 인간관계가 좋은 편이다. 특별히 뛰어난 능력이 있는 것은 아니지만 고객의 어려움을 직접 해결해 주고 인간적으로 고객을 대해 왔기 때문에 실적도 매우 좋은 편이다.

물론 설득력 있는 화술과 자사제품에 대한 깊은 지식으로 제품을 판매하는 기술도 좋은 편이다. 따라서 K 과장은 자신의 영업 성적이나 영업기술에 대한 자신을 갖고 있었다. 그런데 최근 들어 기존의 고객들이 하나, 둘 계약을 해지하고, 새로운 고객들에 대한 제품판매도 예전처럼 여의치 않게 되었다.

이러한 현상을 K 과장은 경기가 좋지 않기 때문에 일시적인 현상일 것이라고 생각하고 대수롭지 않게 여기고 있었다. 그러나 영업부서에서 시장을 분석한 결과 경쟁사의 영업부서에서 컨설팅 세일즈 기법을 활용하여 시장을 잠식하고 있었고, K 과장 영업방식이 문제가 있다는 것을 알게 되었다.

1. K과장은 고객들의 계약해지나 판매실적이 떨어지는 원인을 어떻게 생각하고 있었는가?

____

____

2. K 과장의 문제인식은 어떤 문제가 있었는가?

____

____

사례연구를 통해 업무를 수행하면서 겪게 되는 문제를 해결하기 위해서 가장 먼저 할 일은 자신이나 자신이 속한 조직의 문제를 인식하는 일임을 알 수 있다. 그러나 흔히 사람들은 자신이나 조직의 문제를 잘 인식하지 못하거나, 문제를 알고 있지만 어떻게 해결해야 할지 모르는 경우가 많다. 다음에 제시된 현재 자신이 수행하고 있는 업무상의 문제와 자신이 속한 부서의 문제를 작성해 보고, 자신의 업무와 부서에 어떤 문제가 있는지를 확인해 보자.

2. 문제의 유형

문제를 효과적으로 해결하기 위해서는 문제의 유형을 파악하는 것이 우선시되어야 한다. 문제의 유형은 그 기준에 따라 아래와 같이 구분될 수 있다.

- 기능에 따른 문제 유형: 제조 문제, 판매 문제, 자금 문제, 인사 문제, 기술상 문제
- 해결 방법에 따른 문제 유형: 논리적 문제와 창의적 문제
- 시간에 따른 문제 유형: 과거 문제, 현재 문제, 미래 문제
- 업무수행 중 발생한 문제 유형: 발생형 문제(보이는 문제), 탐색형 문제(찾는 문제), 설정형 문제(미래 문제)

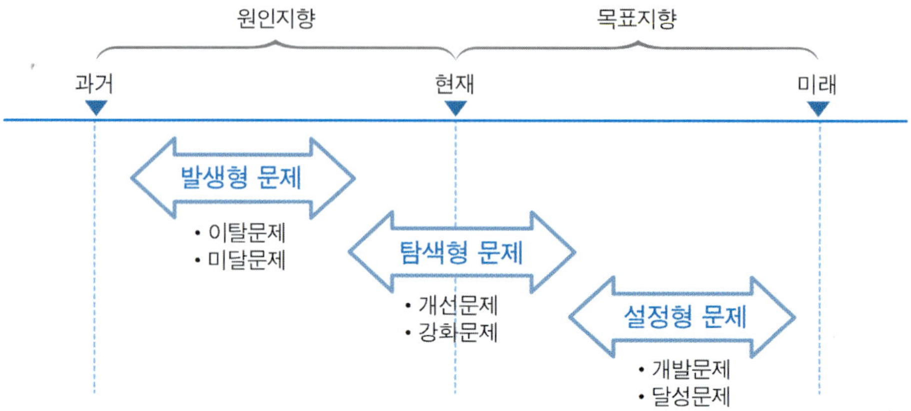

시간별 문제의 유형

1) 발생형 문제(보이는 문제)

우리 눈앞에 발생 되어 당장 걱정하고 해결하기 위해 고민하는 문제를 의미한다. 발생형 문제는 눈에 보이는 이미 일어난 문제로, 어떤 기준을 일탈함으로써 생기는 일탈문제와 기준에 미달하여 생기는 미달문제로 대변되며 원상복귀가 필요하다. 또 문제의 원인이 내재되어 있기에 원인 지향적인 문제라고도 한다.

2) 탐색형 문제(찾는 문제)

더 잘해야 하는 문제로 현재 상황을 개선하거나 효율을 높이기 위한 문제를 의미한다. 탐색형 문제는 눈에 보이지 않는 문제로, 문제를 그냥 두면 뒤에 큰 손실이 따르거나 결국 해결할 수 없는 문제로 나타나게 된다. 이러한 탐색형 문제는 잠재문제, 예측문제, 발견문제의 세 가지 형태로 구분된다.

잠재문제는 문제가 잠재되어 있어 보지 못하고 인식하지 못하다가 결국은 문제가 확대되어 해결이 어려운 문제를 의미한다. 이와 같은 문제는 존재하나 숨어 있기 때문에 조사 및 분석을 통해서 찾아야 할 필요가 있다. 예측문제는 지금 현재로는 문제가 없으나 현 상태의 진행 상황을 예측이라는 방법을 사용하여 찾아야 앞으로 일어날 수 있는 문제가 보이는 문제를 의미한다.

발견문제는 현재로서는 담당 업무에 아무런 문제가 없으나 유사 타 기업의 업무방식이나 선진기업의 업무 방법 등의 정보를 얻어 보다 좋은 제도나 기법, 기술을 발견하여 개선, 향상할 수 있는 문제를 말한다.

3) 설정형 문제(미래 문제)

미래 상황에 대응하는 장래의 경영전략의 문제로 앞으로 어떻게 할 것인가 하는 문제를 의미한다. 설정형 문제는 지금까지 해 오던 것과 전혀 관계없이 미래 지향적으로 새로운 과제 또는 목표를 설정함에 따라 일어나는 문제로서, 목표 지향적 문제라고 할 수 있다. 따라서 이러한 과제나 목표를 달성에 따른 문제해결에는 지금까지 경험한 바가 없기에 많은 창조적인 노력이 요구되는 문제이므로, 설정형 문제를 창조적 문제라고 한다.

해결 방법의 문제의 유형

구분	내용
발생형 문제	현재 문제가 발생하여 원상복귀가 필요한 문제 ☞ 예: A제품에 대한 고객클레임(제품불량)이 발생했다.
탐색형 문제	현재는 문제가 아니지만, 더 잘하기 위해 현재 상황을 개선하기 위한 문제 ☞ 예: 4/4분기 생산성을 3/4분기 대비 5%p 높이라는 목표가 제시되었다.
설정형 문제	외부환경이나 경영전략 변화에 따라 앞으로 발생할 수 있는 문제 ☞ 예: 북유럽시장 진출에 따라 예상되는 이슈를 분석하라는 지시가 주어졌다.

쉬어 가는 코너 문제풀이

① 대부분 반응은 1,000원인데 정답은 500원이다.
② 대부분 반응은 100분이라고 답하는데 정답은 5분이다.
③ 어렵지 않다. 정답은 9일 (하루에 두 배씩 증가하므로)

세 문제의 점수를 3점으로 환산할 때, 세계적인 대학의 평균점수는 매사추세츠 공과대학교(2.18), 하버드대학교(1.48점), 미시간대학교(1.18점) 등으로 평균 1.5점밖에 못 맞추었다. 그 이유는 문제를 대할 때, 즉각적으로 반응하는 습관과 성급하게 반응함에서 오는 것으로 분석되었다.

사례 연구 2

누가 문제인가?

동물들의 생태를 연구하기 위해 알래스카를 여행하던 어느 교수와 학생이 야영을 위해 텐트를 설치하던 중이었다. 이때 사납게 생긴 곰 한 마리가 그들을 발견하고 갑자기 달려오기 시작했다. 느리고 미련하다는 생각과는 달리 곰의 걸음은 상당히 빨랐기 때문에 어물쩍거리다가는 잡아먹힐 것 같았다.

깜짝 놀란 교수는 황급히 도망을 치려는데 학생은 가방에서 운동화를 꺼내서 신기 시작했다. 교수가 두려움에 가득 찬 눈으로 뒤돌아보며 외쳤다. "운동화 신을 겨를이 어디 있어? 빨리 도망쳐야 해?"이 말을 들은 학생은 짐짓 태연하게 소리쳤다. "교수님, 문제는 그게 아닙니다."라고 외쳤다.

1. 학생의 관점에서 이 상황의 문제는 무엇일까?
   학생은 왜 운동화로 갈아 신으면서 그렇게 대답했을까?

____

____

2. 누구의 생각이 목숨을 구하는 데 도움이 되었을까?

____

____

3. 문제의 인식

문제의 기본은 문제를 올바로 인식하는 것이다. 문제 인식의 첫 단계는 '문제의 주인이 누구인가'를 밝히는 일이다. 두 번째는 문제를 올바르게 정의하고, 세 번째는 문제의 유형을 파악하며, 마지막으로 문제의 우선순위를 정하는 것이다. 앞의 사례를 중심으로 문제를 인식하고 해결해 나가는 과정을 살펴보자.

1) 문제의 주인이 누구인지 파악한다.

문제 인식의 첫 단계는 문제의 주인이 누구냐를 밝히는 일이다. 다시 말해, 누가 문제를 풀어야 하고 누구에게 해법이 필요한지 밝히는 일이다. 누구의 문제인지에 따라 해법이 전혀 다르게 도출되기 때문이다.

앞의 사례에서 볼 때 곰–교수–학생 중 누가 문제의 주인인지를 파악하는 것이다. 교수는 자신과 학생을 문제의 주인으로 보았고, 학생은 운동화로 갈아신는 문제의 주인에서 교수를 탈락시키고 본인을 유일한 의뢰인으로 내세운 것이다.

2) 문제를 올바르게 정의한다.

문제해결의 관점에서 문제를 정의하면 앞에서 말한 것처럼 문제는 기대상태에서 현재상태의 격차를 말한다.

문제 = 기대상태 – 현재상태

곰에게 쫓기는 상황에서 학생이 운동화로 갈아 신은 행동은 문제를 잘 정의하였기 때문이다. 이 문제의 제약조건은 인간이 곰보다 빠르지 않아 현재의 상태에서 벗어나기 어렵다는 것인데, 이를 잘 파악한 것이다.

3) 문제의 유형을 파악한다.

기대상태와 현재 상태의 격차라고 간단히 정의되는 문제의 정의는 상황에 따라 몇 개의 유형으로 나타난다. 문제 발생의 유형은 해결하는 과정에서 대부분 위급한 문제와 원인문제로 구분된다. 곰이 우리를 해치려고 오는 것은 위급의 문제이지 원인문제가 아니다. 곰이 왜 오는가에 대한 원인을 찾는 것은 불필요한 행동이다. 원인문제는 위급문제와는 달리 원인을 규명해야만 효과적인 해결이 가능한 문제를 말한다. 어떤 문제가 위급문제인지 원인문제인지를 올바르게 판단할 줄 아는 능력은 문제해결의 기본기 중 하나이다.

4) 문제의 우선순위를 정한다.

문제 인식의 마지막 단계는 문제의 우선순위를 정하는 과정이다. 문제들의 우선순위를 정하는 측정기준은 다음과 같은 세 가지 기준이 대표적이다.

우선순위 측정기준: ① 시급성 ② 영향도 ③ 심화 가능성

시급성은 문제가 얼마나 시급하게 해결해야 하는 정도의 문제이며, 영향도는 그 문제가 얼마나 많은 영향을 끼치는가에 대한 문제이고, 심화 가능성은 이 문

제를 해결하지 않고 그냥 놔둔다면 그 문제가 얼마나 더 심각할 것 인가를 판단하는 기준이다. 곰이 달려드는 경우는 두 사람의 목숨이 달린 만큼 시급성이 가장 우선할 것이다.

정리하기

미국 워싱턴에는 토머스 제퍼슨 기념관이 있는데 이 자랑스러운 기념관의 대리석이 심하게 부식하는 일이 발생했다. 방문객들은 관리 부실을 문제 삼아 민원을 제기했고 기념관의 이미지는 날로 악화되었다. 값비싼 대리석을 사용했는데도 부식은 빠르게 진행됐다. 이를 이상하게 여긴 기념관장은 다음과 같은 의문을 가졌다.

❶ 왜 대리석들이 저렇게 빨리 부식되는 걸까?

돌아온 대답은 간단했다. 대리석을 세제로 자주 닦았기 때문이다. 기념관장은 한 번 더 질문을 던졌다.

❷ 그렇다면 왜 대리석이 부식될 만큼 세제로 자주 닦는 걸까?

예상치 못한 답이 나왔다. 기념관에 많은 비둘기의 배설물로 인해 자주 세제로 닦아 줘야 했다. 관장은 또 질문했다.

❸ 그렇다면 왜 기념관에 비둘기가 많은 걸까?

바로 비둘기의 먹잇감인 거미가 많았기 때문이다.

❹ 그러면 왜 기념관에 거미가 많을까?

해가 지기 전 주변보다 전등을 먼저 켜서 거미의 먹이인 나방이 불빛을 보고 많이 몰려들기 때문이다.

❺ 그렇다면 왜 해가 지기 전에 전등을 주변보다 먼저 켜는 걸까?

이유는 간단했다. 기념관 직원들이 일찍 퇴근하기 때문이다.

대답을 얻은 토머스 제퍼슨 기념관은 불을 켜는 시간을 늦춤으로써 대리석의 부식을 근본적으로 막을 수 있었다. 기념관장이 만약 당장 눈앞의 대리석 보수공사만 진행했다면 계속되는 부식에 많은 재원이 낭비됐을 것이다.

끝없이 '왜'라는 질문을 던진 기념관장이 결론을 도출해 낸 이런 사고방식을 '5 why 기법'이라고 한다. 바로 문제의 현상만을 보지 않고 지속적인 물음으로 본질을 찾는 것이다.

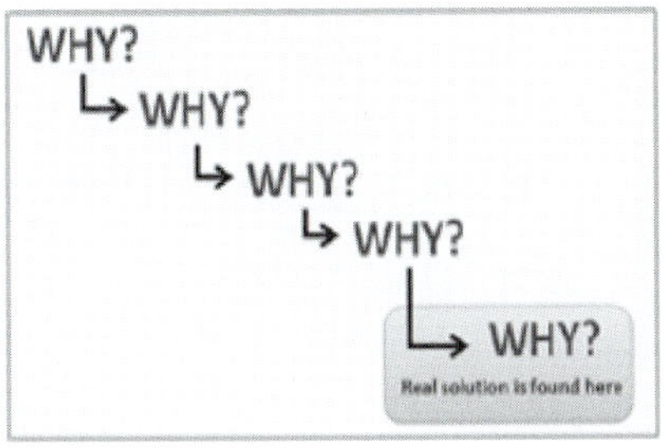

출처: 금진호, 『문제해결능력』

12 Chapter 문제의 해결

문제의 해결 12 Chapter

1. 문제해결의 정의

문제해결이란 목표와 현상을 분석하고, 이 분석 결과를 토대로 과제를 도출하여 최적의 해결책을 찾아 실행, 평가해 가는 활동을 의미한다. 이러한 문제해결은 조직, 고객, 자신의 세 가지 측면에서 도움을 줄 수 있다.

조직 측면에서는 자신의 속한 조직의 관련 분야에서 세계 일류수준을 지향하며, 경쟁사와 대비하여 탁월하게 우위를 확보하기 위해서 끊임없는 문제해결이 요구된다.

고객 측면에서는 고객이 불편하게 느끼는 부분을 찾아 개선과 고객 감동을 통한 고객 만족을 높이는 측면에서 문제해결이 필요하다.

자기 자신 측면에서는 불필요한 업무를 제거하거나 단순화하여 업무를 효율적으로 처리하게 됨으로써 자신을 경쟁력 있는 사람으로 만들어 나가는 데 문제해결 능력이 요구된다.

결국, 문제의 해결이란 사회생활이나 직장생활에서 업무수행 중 발생하는 여러 가지 문제를 창조적, 논리적, 비판적 사고를 통해 그 문제를 올바르게 인식하고 적절히 해결하는 능력을 말한다. 최근의 문제들은 더욱 복합적이고 다양한 형태로 나타나고 있다. 그러므로 문제해결 능력은 모든 직업인에게 직면한 문제를 바르게 인식하고 바람직한 문제해결을 위해 요구되는 가장 중요한 요소이다.

2. 문제해결의 기본요소

문제를 해결하기 위해서는 다음과 같은 다섯 가지 기본요소들이 요구되는데 구체적인 실천방안은 다음과 같다.

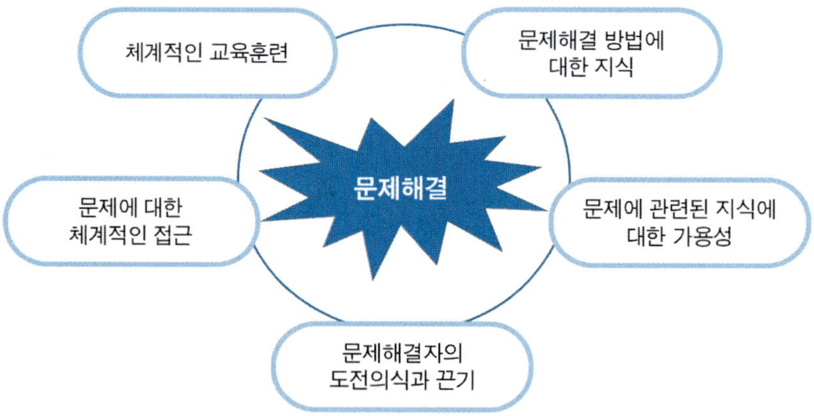

문제해결의 기본요소

1) 체계적인 교육훈련

문제해결을 위해서는 고정관념, 편견 등 심리적 타성 및 기존의 패러다임을 극복하고 새로운 아이디어를 효과적으로 낼 수 있는 창조적 문제해결에 필요한 스킬 등을 습득하는 것이 필요하다. 이는 창조적 문제해결 능력을 향상하여야 함을 의미하며, 이는 문제해결 방법에 대한 체계적인 교육훈련을 통해서 얻을 수 있다. 따라서 문제해결을 위해서 개인은 사내외의 체계적인 교육훈련을 통해 문제해결을 위한 기본 지식과 스킬을 습득해야 한다.

2) 문제해결 방법

문제해결을 위해서는 다양한 문제해결 방법에 관한 지식을 습득하여야 하며 이를 적절하게 사용할 수 있어야 하며, 여기에는 일반적인 문제에 적용되는 해결 방법과 전문 영역(R&D, 마케팅)에 따른 해결방법이 있다. 개인은 이러한 문제의 다양한 해결 방법을 알아야 하며, 이는 효과적인 문제해결의 출발점이 될 수 있다.

3) 문제에 관련된 지식

문제해결 방법에 대한 지식이 아무리 많다 할지라도 해결하고자 하는 문제와 해당 업무에 대한 지식이 없다면 문제해결은 불가능할 것이다. 따라서 담당 업무에 대한 풍부한 지식과 경험을 통해서 해결하고자 하는 문제에 대한 지식을 갖추고 있어야 한다.

4) 문제해결자의 도전의식과 끈기

문제를 해결하여 성과를 도출하고자 하는 문제해결자의 문제해결 의지 및 개선의식 · 도전의식과 끈기가 필요하다. 특히 현상에 대한 도전의식과 새로운 것을 추구하려는 자세, 난관에 봉착했을 때 헤쳐 나가려는 태도 등이 문제해결의 밑바탕이 된다.

5) 문제에 대한 체계적 접근

문제해결을 위해서는 문제를 체계적으로 접근하여야 한다. 문제를 조직 전체적인 관점에서 바라보지 않고 각 기능 단위별로 문제점을 분석하고 해결안을 도출한다면 각 기능과 기능 사이의 사각지대는 지속으로 문제가 발생해 문제해결의 결과가 성과에 미치는 영향이 아주 미미한 경우다. 따라서 효과적인 문제해결을 위해서는 체계적 접근을 통해 문제를 분석하고 해결해야 한다.

사례 연구 1

여러분, 방탄 청년을 도와주세요!

방탄은 광화문 근처에 있는 포시즌스 호텔 스타벅스에서 저녁 9시에 사랑하는 사람을 만나 프러포즈를 할 계획이다. 여자 친구는 성격이 칼 같아서 약속에 늦는 것을 매우 싫어하는 사람이다. 만일 방탄이 약속에 늦게 도착한다면, 프러포즈는 엉망이 되고 여자 친구는 뒤도 안 돌아보고 떠날 게 확실하다. 방탄은 프러포즈에 성공하기 위해 어떻게든 정확한 시간에 약속장소에 도착하여야 한다.

그런데 문제가 생겼다. 사장님이 방탄에게 오후 늦게 중요한 일이 생길 것 같다고 말했기 때문이다. 만일 그 일을 하게 되면 빨라 봤자 회사에서 8시에 출발할 수 있다. 다행히 일이 생기지 않는다면 7시 퇴근이 가능하다.

강남에 있는 회사에서 광화문으로 가려면 승용차로 평균 1시간이 걸리지만, 운이 좋아 길이 막히지 않는다면 30분, 막히게 되면 2시간이 걸린다. 그렇다고 차를 놔 두고 가기는 어렵다. 프러포즈를 끝내고 여자 친구와 함께 남산으로 드라이브를 가려고 했다.

방탄은 어떻게 이 문제를 해결할 수 있을까?

1. 방탄이 처한 곤란한 상황을 해결할 가상의 시나리오를 3가지 이상 작성해 보라.

① ____

____

② ____

____

③ ____

____

2. 사례에서 시나리오를 수립하는 경우 최상의 시나리오를 선정한 이유와 근거는?

____

____

____

3. 문제해결에 필요한 사고

1) 문제해결의 4가지 사고

문제를 해결하기 위해서는 전략적 사고, 분석적 사고, 발상의 전환, 내 · 외부 자원의 활용이 필요하며 그 실행방법은 다음과 같다.

(1) 전략적 사고를 해야 한다.

현재 당면하고 있는 문제와 그 해결 방법에만 집착하지 말고, 그 문제와 해결 방안이 상위 시스템 또는 다른 문제와 어떻게 연결되어 있는지를 생각하는 것이 필요하다.

(2) 분석적 사고를 해야 한다.

전체를 각각의 요소로 나누어 그 요소의 의미를 도출한 다음 우선순위를 부여하고 구체적인 문제해결 방법을 실행하는 것이 요구된다. 또 분석적 사고는 문제가 성과 지향, 가설 지향, 사실 지향의 세 가지 경우와 같이 다음과 같은 사고가 요구된다.

- **성과 지향의 문제:** 기대하는 결과를 명시하고 효과적으로 달성하는 방법을 사전에 구상하고 실행에 옮겨라.
- **가설 지향의 문제:** 현상 및 원인분석 전에 지식과 경험을 바탕으로 일의 과정이나 결과, 결론을 가정한 다음 검증 후 사실일 경우 다음 단계의 일을 하라.

- **사실 지향의 문제:** 일상 업무에서 일어나는 상식, 편견을 타파하여 객관적 사실로부터 사고와 행동을 출발하라.

(3) 발상을 전환하라

발상은 흔히 전구에 불이 들어오는 이미지로 표현하는데, 어둡던 실내가 갑자기 환해지듯이, 발상은 막다른 골목에서 벗어날 길을 제시해 준다. 기존에 가지고 있는 사물과 세상을 바라보는 인식의 틀을 전환하여 새로운 관점에서 바로 보는 사고를 지향하라.

(4) 내 · 외부자원을 효과적으로 활용하라

문제해결 시 기술, 재료, 방법, 사람 등 필요한 자원 확보 계획을 수립하고 내 · 외부자원을 효과적으로 활용하도록 해야 한다.

2) 문제해결의 비약적 사고

다양한 사고를 깊이 하다 보면 자신의 경험이나 생각에 갇히거나 너무 비약적인 생각을 통해 오류를 범하는 경우가 종종 있는데, 이를 사고의 오류가 한다. 발상의 전환을 가로막는 이런 사고의 오류를 이해하여 여기에 빠지지 않도록 하여야 한다.

(1) 비약의 오류

사장님이 김팀장과 면담중이라고? 우리 팀을 없애려는 게 분명해

(2) 유용성의 오류

사후의 세계가 없다고 믿나요? 그렇다면 너무 허무하고 쓸쓸할 텐데요. 아무것도 없다고 생각하는 건 틀렸다고 생각하지 않나요?

(3) 흑백의 오류

우수 인재 채용에 반대하신다고요? 그렇다면 당신은 우리 회사에 우수 인재가 필요 없다고 생각하시는군요.

(4) 확대의 오류

팀장이 직원 1명을 해고했다. 이후 그 직원은 자살했고 그의 가족들은 뿔뿔이 흩어졌다. 가정을 파탄시킨 자가 어떻게 승진을 할 수 있는가?

(5) 이분법 오류

우리는 결코 좋은 경영자를 가질 수 없다. 야심 있는 경영자는 야심 때문에 직원들을 희생시키고, 야심 없는 경영자는 그의 능력이 없기 때문이다.

3) 문제해결의 장애

문제를 해결하는 데 장애가 되는 요소들은 조직이 직면한 상황과 맡고 있는 업무의 특성에 따라서 굉장히 다양하게 나타날 수 있다. 이러한 장애 요인 중 가장 대표적인 경우는 다음과 같다.

(1) 문제를 철저하게 분석하지 않는 경우

문제를 접한 다음 문제가 무엇인지 문제의 구도를 심도 있게 분석하지 않으면 문제해결이 어려워진다. 즉, 어떤 문제가 발생하면 직관적으로 성급하게 판단하여 문제의 본질을 명확하게 분석하지 않고 대책안을 수립하여 실행함으로써 근본적인 문제해결을 하지 못하거나 새로운 문제를 만드는 결과를 초래할 수 있다.

(2) 고정관념에 얽매이는 경우

상황이 무엇인지를 분석하기 전에 개인적인 편견이나 경험, 습관으로 증거와 논리에도 불구하고 정해진 규정과 틀에 얽매여서 새로운 아이디어와 가능성을 무시해 버릴 수 있다.

(3) 쉽게 떠오르는 단순한 정보에 의지하는 경우

문제해결에 있어 종종 우리가 알고 있는 단순한 정보들에 의존하는 경향이 있다. 단순한 정보에 의지하면 문제를 해결하지 못하거나 오류를 범하게 된다.

(4) 너무 많은 자료를 수집하려고 노력하는 경우

자료를 수집하는 데 구체적인 절차를 무시하고 많은 자료를 얻으려는 노력에만 온 정열을 쏟는 경우가 있다. 무계획적인 자료 수집은 무엇이 제대로 된 자료인지를 알지 못하는 우를 범할 수 있다.

4) 문제해결의 의사결정 과정

조직에서의 의사결정은 문제가 확실하게 분석하고 해결방안이 확실한 경우지만 대부분 제한된 정보와 여러 견해를 공유하게 된다. 또 혁신적인 결정보다 현재의 체제 내에서 순차적, 부분적으로 의사결정이 이루어져서 기존의 결정을 점증적으로 수정해 나가는 방식으로 이루어진다.

(1) 확인단계

확인단계에서는 의사결정에 필요한 문제를 인식한다. 이는 외부 환경이 변화하거나 내부에서 문제가 발생했을 때 발생한다. 문제를 인식하면 이를 구체화하기 위하여 정보를 얻는 단계이다. 진단단계는 문제의 심각성에 따라서 체계적으로 이루어지기도 하며, 비공식적으로 이루어지기도 한다. 또 문제를 신속히 해결할 필요가 있는 경우에는 진단시간을 줄이고 즉각적인 대응이 필요하다.

(2) 개발단계

개발단계는 확인된 문제에 대하여 해결방안을 모색하는 단계이다. 개발단계는 2가지 방식으로 이루어질 수 있다. 먼저 조직 내의 기존 해결 방법 중에서 새로운 문제의 해결 방법을 찾는 탐색과정이다. 이는 조직 내 관련자와의 대화나 공식적인 문서 등을 참고하여 이루어질 수 있다. 이전에 없었던 새로운 문제의 경우 이에 대한 해결안을 설계해야 한다. 다양한 의사결정 기법을 통하여 시행 착오적인 과정을 거치면서 적합한 해결 방법을 찾는다.

(3) 선택단계

해결방안을 마련하면 실행 가능한 해결안을 선택한다. 선택을 위한 방법은 3가지로 이루어질 수 있다. 이는 한 사람의 의사결정의 판단에 의한 선택, 경영과학 기법과 같은 분석에 의한 선택, 이해관계집단의 토의와 교섭에 의한 선택이 있다. 이렇게 해결방안이 선택되면 조직 내에서 공식적인 승인절차를 거친 후 실행된다.

사례 연구 2

조직 내에서 아이디어를 함께 개발, 수정하는 과정을 통해 개인별 성과를 합한 이상의 성과를 창출해 내는 것이 '협력'의 효과이며 회사들이 중요한 문제해결을 위해 협력(업) 프로젝트를 진행하는 이유다. 이때 협력(업)을 통해 창출해 낸 팀 공동의 성과가 곧 팀원 개인의 능력평가로 이어지며, 직장 동료, 상사와 일하는 과정, 즉 협력(업)에서 보여 준 개인의 능력 또한 중요한 평가요소가 된다.

협력(업)능력 중 중요한 하나는 갈등을 조정하는 '코디네이터 역할'이다. 서로 다른 분야의 전문지식과 경험들이 모였을 때 충돌과 마찰이 발생할 수 있다. 이때 갈등을 조정하고 의견을 수렴하여 아이디어를 통합시키는 역할이 필요하다. 협업에서 '코디네이터'는 윤활유 역할이므로 중요한 문제해결 능력이다.

[출처: 픽사베이]

1. 문제해결을 위한 협력을 잘하는 방법은 무엇이 있을까?

____

____

2. 일상생활에서 협력을 통해 성과를 얻은 실제 사례를 적어 보자.

____

____

4. 문제해결 절차

문제해결이란 자신에게 문제를 해결하라는 업무가 떨어졌을 때, 다양한 해결 방안들을 찾게 되는데, 이때 어떤 해결방안을 우선 추진해야 하는지, 어떤 해결 방안이 가장 효과적인지 밝혀내는 것을 말한다. 문제로부터 다양한 원인을 분석한 후에는 근본 원인을 효과적으로 해결할 수 있는 다양한 해결안을 개발하고, 개발된 해결안 중 최선의 해결안을 선택하는 것이 필요하다.

1) 문제해결 절차

문제해결의 절차는 문제로부터 도출된 근본 원인을 효과적으로 해결할 수 있는 최적의 해결방안을 수립하는 단계이다. 문제해결 방안 개발은 해결안 도출, 해결안 평가 및 최적안 선정의 절차로 진행되며, 이러한 문제해결 방안 개발 단계의 절차는 다음 그림과 같다.

절차	해결안 도출	해결안 평가 및 최적안 선정
내용	문제로부터 최적의 해결안을 도출하고 아이디어를 명확화	최적안 선정을 위한 평가 기준을 선정하고 우선순위 선정을 통해 최적안 선정

(1) 해결안 도출

해결안 도출은 열거된 근본 원인을 어떠한 시각과 방법으로 제거할 것인지에 대한 독창적이고 혁신적인 아이디어를 도출하고, 같은 해결안은 그룹핑 하는 과정을 통해서 해결안을 정리하는 과정으로, 다음과 같은 절차를 거쳐 수행된다.

- 근본 원인으로 열거된 내용을 어떠한 방법으로 제거할 것인지를 명확히 한다.
- 독창적이고 혁신적인 방안을 도출한다.
- 전체적인 관점에서 보아 해결의 방향과 방법이 같은 것을 그룹핑 한다.
- 최종 해결안을 정리한다.

(2) 해결안 평가

해결안을 평가하고 최종안을 선정할 때, 문제(what), 원인(why), 방법(how)을 고려해서 평가하고 가장 효과적인 해결안을 선정해야 한다. 해결안 선정을 위해서는 중요도와 실현 가능성 등을 고려해서 종합적으로 평가하고, 채택 여부를 결정한다.

절차	실행 계획 수립	▶	실행	▶	Follow-up
내용	최종 해결안을 실행하기 위한 구체적인 계획 수립		실행 계획에 따른 실행 및 모니터		실행 결과에 대한 평가

(3) 실행계획 수립

실행 및 평가는 해결안 개발을 통해 만들어진 실행계획을 실제 상황에 적용하는 활동으로 처음 장애가 되는 문제의 원인을 해결안을 사용하여 제거해 나가는 단계이다. 실행은 실행계획 수립, 실행, Follow-up의 절차로 진행된다.

구체적인 실행계획 수립은 무엇을(what), 어떤 목적으로(why), 언제(when), 어디서(where), 누가(who), 어떤 방법으로(how)의 물음에 대한 답을 가지고 계획하는 단계로, 자원(인적, 물적, 예산, 시간)을 고려하여 수립해야 한다. 실행계획 수립 시에는 세부 실행내용의 난이도를 고려하여 가급적 구체적으로 세우는 것이 좋다.

(4) 실행 및 Follow-up

실행 및 Follow-up 단계는 가능한 사항부터 실행하며, 그 과정에서 나온 문제점을 해결해 가면서 해결안의 완성도를 높이고 일정한 수준에 도달하면 전면적으로 전개해 나가는 것이 필요하다. 즉, pilot test를 통해 문제점을 발견하고, 해결안을 보완한 후 대상 범위를 넓혀서 전면적으로 실시해야 한다. 특히 실행의 문제점 및 장애 요인을 신속히 해결하기 위해서 모니터링 체계를 구축하는 것이 바람직하며, 모니터 시에는 다음과 같은 사항을 고려해야 한다.

① 바람직한 상태가 달성되었는가?
② 문제가 재발하지 않을 것을 확신할 수 있는가?
③ 사전에 목표한 기간 및 비용은 계획대로 지켜졌는가?
④ 혹시 또 다른 문제를 발생시키지 않았는가?
⑤ 해결책이 주는 영향은 무엇인가?

정리하기

셀프코칭을 통한 문제해결

가지를 잘 쳐 주고 받침대로 받쳐 준 나무는 곧게 잘 자라지만, 내버려 둔 나무는 아무렇게나 자란다. 사람도 이와 마찬가지여서 남이 자신의 잘못을 지적해 주는 말을 잘 듣고 고치는 사람은 그만큼 발전한다. – 공자

최근 새롭게 부각 되는 '셀프코칭'(Self-Coaching)은 스스로 문제해결을 하는 능동적인 인재로 거듭나는 방법을 의미한다. 자신이 자신의 코치가 되어 자신을 위한 질문을 해 보는 것이 '셀프코칭'의 핵심이다. '지금 당장 내가 해야 할 일은 무엇이지?' 사람들은 자기 스스로 질문을 통해서 생각을 정리하고 실수의 원인과 문제해결책을 찾아내는 능력이 있다. 자신을 위한 질문은 스스로를 업그레이드하는 데 매우 유용하다.

"요즘 쓸 만한 인재가 없어 걱정이야" 어느 최고 경영자들의 넋두리다. 고만고만한 인재는 많은데 특출한 인재가 없다는 말이다. "일을 일일이 가르치는 것도 이제는 힘이 든다" 직장인들은 이제 생존을 위해서는 끊임없이 자기혁신을 해야만 한다. 자기혁신이란 자신만 잘 살겠다는 것이 아니라 스스로 혁신을 하겠다는 의지를 말한다.

'내가 과연 해낼 수 있을까?'가 아니라, '내가 못 할 이유는 없지!'라고 스스로 질문하는 것이다.

약점을 줄이는 것보다 강점을 늘리려는 것에 신경써야 한다. 약점에 초점을 맞춰서 평범한 사람으로 전락하지 말아야 한다.

무엇보다도 '셀프코칭'은 다른 사람에 의지하지 않는다는 점에서 매우 큰 힘을 발휘한다. 능동적인 인재로 자신을 끌어올릴 때 비로소 '셀프코칭'이 완성된다. 자신 스스로 문제해결을 할 수 있는 '셀프코칭'은 시대적 흐름과 맞물려 있다.

이승엽 선수가 세계적인 타자가 되는 데에는 박흥식 코치가 있었기 때문이다. 이승엽이 슬럼프에 빠질 때마다 박흥식 삼성 타격코치로부터 타격 자세를 코칭받고 전성기 시절 스윙을 되찾고 있다. 물론 전문적인 코치가 있다면 좋겠지만 비즈니스 현실에서는 일일이 코치에게 물어볼 수가 없다. '과연 나에게 가장 핵심적인 강점은 무엇인가'라고 말이다. 이 세상에서 가장 훌륭한 조언가는 바로 자신이다. 무슨 일을 하기 전에 자신에게 질문하는 습관은 매우 훌륭한 방법이 될 것이다.

출처: 인크루트 전문가 칼럼. 윤영돈의 커리어 코치.

참/고/문/헌

국중석(2020). 비판적 사고와 논리: 간호보건계열. 경기: 양성원.

금진호(2023). 문제해결능력. 경기: 양성원.

김광수(1993). 논리와 비판적 사고. 서울: 철학과 현실사.

김광수(2012). 비판적 사고론. 서울: 철학과 현실사.

김명숙(2006). 비판적 사고성향 측정 도구의 개발 및 양호도 검증 연구. 교육과정평가연구, 9(1), 89-117.

김민영(2018). 논리와 비판적 사고. 경북: 배영출판사.

김보현(2019). 비판적 사고와 논증. 서울: 북코리아.

김은철, 김명우, 오용득, 하진욱(2009). 철학적 리터러시 연습을 위한 에세이들. 경남: 책펴냄열린시.

김주현(2012). 생각의 힘: 비판적 사고와 토론. 서울: 아카넷.

김회빈(2011). 비판적 사고와 논리. 전북: 신아출판사.

김회빈(2012). 비판적 사고를 위한 논리학. 전북: 신아출판사.

김희정(2009). 비판적 사고를 위한 논리. 서울: 아카넷.

마희정, 박권수, 박기순, 박정미, 원용준, 한상원(2020). 비판적 사고: 어떻게 다르게 생각할 것인가. 서울: 이음.

박은진, 김희정(2008). 비판적 사고. 서울: 아카넷

박휴용(2018). 비판적 사고의 기본 원리, 성격, 그리고 대안적 이론에 대한 인식론적 재고찰. 교육사상연구, 32(2), 55-84.

배식한, 석기용(2023). 비판적 사고와 토론. 경기: 태학사.

백평구(2022). 비판적 사고에 대한 국내 학술지 논문의 주요 연구 주제 탐색. 교양교육연구, 16(3), 11-27.

비판적사고교재연구회(2019). 논리 그리고 비판적 사고. 경북: 글고운.

손병홍(2018). 논리와 비판적 사고. 서울: 장서원.

원종순 외(2015). 간호과정과 비판적 사고. 서울: 현문사.

유순근(2018). 논리와 오류: 비판적 사고와 논증. 서울: 박영사.

유순근(2019). 논리와 오류. 서울: 박영사.

이윤일, 박필배, 우호용, 유재민, 정영기(2015). **논리와 비판적 사고**. 서울: whybooks(와이북스).

이효범(2011). **논리적 사고 · 비판적 사고 · 창의적 사고: 사고를 잘하는 방법**. 충남: 공주대학교.

임은주(2004). 간호사의 비판적 사고 성향과 비판적 사고술에 관한 연구. 이화여자대학교 임상보건과학대학원 석사학위논문.

전대석(2020). **쉽게 풀어쓴 비판적 사고**. 경기: Cup&cap(컵앤캡).

전승봉(2022). **논리로 배우는 비판적 사고와 토론**. 서울: 북코리아.

정재윤(2006). **나이키의 상대는 닌텐도다: 미래 시장을 읽는 8가지 트렌드**. 서울: 마젤란.

정해석(2003). 비판적 사고력 신장을 위한 디즈니 애니메이션 활용 학습 방안–알라딘을 중심으로. 진주교육대학교 교육대학원 석사학위논문.

천지일보(2023.07.17.). AI 시대 대비하려면… 전문가들 "비판적 사고 길러라".

최훈(2009). 비판적 사고와 여성적 가치. **인문논총, 61**, 301-324.

한국경제(2007.07.20.). [Cover Story] 인간은 논리적이라더니 오류는 왜 이렇게 많지.

한상기(2007). **비판적 사고와 논리**. 경기: 서광사.

홍경남(2011). **논증의 이해: 비판적 사고를 위한 논리**. 서울: 중앙대학교 출판부.

홍병선, 서민규, 최현철, 우정규(2011). **(창의적 문제해결을 위한) 논리 세우기**. 서울: 연경문화사.

황혜림 외(2012). 치위생(학)과 학생의 학업성적에 따른 비판적 사고 성향. **치위생과학회지, 12**(1), 7-13.

Beyer B. K. (2020). How to Teach Thinking Skills in Social Studies and History. *The Social Studies,* 196-201.

Browne, M. N., & Keely, S. M. (2016). **11가지 질문 도구의 비판적 사고력 연습**. [Asking the right questions: a guide to critical] (이명순, 하지인 역). 서울: 돈키호테(원저출간: 2000).

EBS 뉴스(2022. 12. 27.). [문해력 기획 1편] "학생 문해력 저하, '하위권 · 비판적 읽기' 주목해야"

Facione, P. A. (1990). *Critical thinking: A statement of expert consensus for purposes of educational assessment and instruction: Research findings and recommendations.* Fullerton: California State University.

Fisher, A. (2018). **피셔의 비판적 사고**. [Critical thinking: an introduction (2nd ed.)] (최원배 역). 서울: 서광사(원저출간: 2011).

Gascón, M., & Eduard Altarriba, E. (2023). **비판적 사고력: 인류 진보의 핵심적인 역할**.

[Atrévete a preguntar] (손성화 역). 경기: 아름다운사람들(원저출간: 2023).

Glaser, E. (1941). *An Experiment in the Development of Critical Thinking*. New York: Teachers College, Columbia University.

Lai, E. R. (2011). *Critical Thinking: A Literature Review Research Report*. London: Parsons Publishing.

Nosich, G. M. (2001). *Learning to Think Things Through: A Guide to Critical Thinking in the Curriculum*. Upper Saddle River, N.J.: Pearson/Prentice Hall.

Paul, R. W. (2012). *Critical Thinking: What Every Person Needs To Survive in a Rapidly Changing World*. Santa Rosa, CA: Foundation for Critical Thinking.

Paul, R. W., & Elder, L. (2008). **왜 비판적으로 사고해야 하는가.** [25 days to better thinking and better living] (원만희 역). 서울: 궁리(원저출간: 2006).

교육을 바꾸는 사람들 https://21erick.org/column/12424

국가직무능력표준 www.ncs.go.kr

비판적사고재단 https://www.criticalthinking.org

찾/아/보/기

저 / 자 / 소 / 개

■ **김은철**

독일 뷔르츠 부르크(Würzburg)대학교 철학과 박사 수료
부산대학교 과학기술학 협동과정 박사 수료
현, 부경대학교 겸임교수
〈저서〉 전략적 말하기의 이론과 실제, 철학의 이해 외

■ **금진호**

한남대학교 대학원 교육학석사
현, 목원대학교 겸임교수
　　대전과학기술대학교 겸임교수
〈저서〉 문제해결능력, 자기개발능력 외

■ **박수미**

동명대학교 대학원 관광학박사
현, 부산여자대학교 항공서비스과 부교수
〈저서〉 조직이해, 항공사 면접 핸드북 외

■ **서현경**

경기대학교 서비스경영전문대학원 서비스컨설팅 박사 수료
현, 한국폴리텍대학 외래교수
〈저서〉 인성과 예절, 인성과 리더십 외

■ **송숙이**

대구대학교 대학원 문학박사
현, 한국해양대학교, 동명대학교 외 외래교수
〈저서〉 자기반영의 문학, 이찬 시문학의 밀실과 광장, 한국현대시의 풍자와 저항 외

■ **김명희**

부경대학교 일반대학원 교육학, HRD 전공 박사
현, 대동대학교 초빙교수
〈저서〉 전략적 말하기의 이론과 실제, 창업과 경영실무 외

■ **김선애**

위덕대학교 외식산업학과 박사 수료
현, 선린대학교 인성교양학부 외래교수
　　대구보건대학교 교양학부 외래교수
〈저서〉 취업과 스타트업, 취업과 창업설계 외

챗GPT 시대의
비판적 사고와 논리

1판 1쇄 인쇄 — 2024년 8월 5일
1판 1쇄 발행 — 2024년 8월 9일

저　　자 - 김은철 금진호 박수미 서현경 송숙이 김명희 김선애
발 행 인 - 강철원
발 행 처 - 양성원
주　　소 - 경기도 파주시 검산로 173번길 29-12
전　　화 - 031-946-3861(代)
팩　　스 - 031-946-3864
이 메 일 - tnwpub@naver.com
홈페이지 - tnwpub.co.kr
출판등록 - 2015년 8월 31일 제 2015-000211 호

ISBN 979-11-6126-591-9

정가 20,000원